KB177017

의학·보건학 연구자를 위한

R 메타
분석

심성률 지음

의학·보건학 연구자를 위한 R 메타분석

2019년 9월 5일 1판 1쇄 펴냄
2023년 1월 31일 1판 2쇄 펴냄

지은이 | 심성률
펴낸이 | 한기철·조광재

펴낸곳 | (주)한나래플러스
등록 | 1991. 2. 25. 제2011-000139호
주소 | 서울시 마포구 토정로 222, 한국출판콘텐츠센터 309호
전화 | 02) 738-5637·팩스 | 02) 363-5637·e-mail | hannarae91@naver.com
www.hannarae.net

ⓒ 2019 심성률
ISBN 978-89-5566-229-0 93310

* 이 도서의 국립중앙도서관 출판예정도서목록(CIP)은 서지정보유통지원시스템 홈페이지(http://seoji.nl.go.kr)와
국가자료공동목록시스템(http://www.nl.go.kr/kolisnet)에서 이용하실 수 있습니다.(CIP제어번호: CIP2019032922)
* 불법 복사는 지적 재산을 훔치는 범죄 행위입니다. 이 책의 무단 전재 또는 복제 행위는 저작권법에 따라 5년 이하의
징역 또는 5000만 원 이하의 벌금에 처하거나 이를 병과할 수 있습니다.

《의학·보건학 연구자를 위한 R 메타분석》을 기획하게 된 동기는 무료이면서도 강력한 통계 기능을 수행할 수 있는 R을 더 이상 외면할 수 없었기 때문이다. 이러한 R의 특성은 누구나 쉽게 메타분석에 접근하도록 도움을 주고자 하는 필자의 연구 사명과도 일치한다.

Stata를 이용한 네트워크 메타분석서인 《메타분석–forest plot에서 네트워크 메타분석까지》(황성동·심성률, 2018)가 출간된 이후 많은 독자들이 베이지안(Bayes) 방법 적용의 어려움에 대해 이야기해주었다. 기존 Stata에서 베이지안 네트워크 메타분석을 하기 위해서는 소스 코드를 이용하여 프로그래밍을 해야 하는데, 이 때문에 통계분석보다 컴퓨터 언어 학습에 더 치중하게 되는 (주객이 뒤바뀌는) 불편한 경우가 종종 생기곤 한다. 따라서 이 책에서는 이러한 어려움을 해결하기 위해 베이지안 방법과 빈도주의 방법을 모두 적용할 수 있는 통계 프로그램인 R을 이용하여 메타분석을 실시하고, 기존의 Stata 분석 결과와의 비교도 제시하고자 했다.

한편, 필자가 대학원 강의를 병행하게 되면서 많은 수강생들에게 무료로 보급할 수 있고 메타분석의 다양한 예제들을 실습할 수 있는 R 프로그램 사용은 필수가 되었다. 이 때문에 'R을 활용하여 기본적인 중재 메타분석에서 고급 메타분석 기능인 네트워크, 진단검사, 용량–반응 메타분석까지 아우를 수 있는 안내서'로서 이 책을 집필하게 되었다.

물론 저자가 생각하는 최적의 메타분석 소프트웨어는 Stata이다. 이는 Stata와 R 프로그램을 모두 경험해본 연구자라면 쉽게 동의할 것이다. 예를 들어 동일한 메타분석을 수행하더라도 Stata에서는 단 한 줄의 명령어로 실행할 수 있는 것이 R에서는 명령어 문법을 이해하고 여러 줄로 나누어 입력해야 가능하다. 그러나 R의 장점들은 이러한 번거로움을 충분히 상쇄할 만큼 강력하다. R은 무료 프로그램이면서도 그 기능 측면에서 보면 기존 상용 프로그램들이 살아남을 수 있을까 하는 의문이 들 만큼 우수하며 확장성이 뛰어나다. 이에 사용자가 나날이 증가하고 있으며 통계 프로그램의 주류로 자리잡아가고 있다.

R을 이용하기 위해서는 기본적으로 객체 지향 프로그램인 R언어를 이해해야 한다. 그런 다음 기초적인 패키지 사용 방법과 데이터 및 함수 설정 방법 정도만 익히면 누구라도 쉽게 통계분석 도구로서 R을 이용할 수 있다. 여기에 더하여 그래픽 사용자 입력방식을 지원하는 R studio까지 설치하면 더욱 편리하게 활용할 수 있다.

통계 프로그램을 새로 익혀서 앞으로의 연구에 꾸준히 활용하고 싶은 연구자에게 R만큼 우수하고 효율적인 도구는 없을 것이다. 그러나 지속적인 연구활동이 주된 목적이 아니라 단기간에 결과를 내야 하는 연구자라면 일반적인 통계 프로그램만으로도 충분할 것이다. 이 책은 통계학을 전공하지 않은 일반 연구자들도 쉽게 접근할 수 있도록 통계학 이론을 최소화하고 메타분석의 실질적인 수행 방법을 되도록 쉽게 체계적으로 설명하는 데 집중하였다. 따라서 의학·보건학 연구자들과 다양한 분야의 연구자들이 메타분석 통계 방법들을 각자의 연구에 실질적으로 활용하는 데 도움을 얻을 수 있으리라 기대한다. 아무쪼록 독자들의 연구 활성화에 보탬이 되기를 바란다.

이 책을 활용할 때는 먼저 각 장의 부록에 있는 R 코드를 복사하여 R 프로그램에 붙여넣기 한 후 꼭 실행해보기를 권한다. R에 대한 이해가 전혀 없더라도 일단 도출되는 결과를 눈으로 직접 보고 거기서부터 본문의 내용을 하나하나 따라가면서 해석해보기 바란다. 그러다 보면 자연스레 R을 이용한 메타분석에 익숙해지고 분석의 즐거움을 느낄 수 있을 것이다.

마지막으로, 이 책이 나오기까지 늘 격려와 따뜻한 지지로 연구의 터전을 마련해주신 은사이신 고려대학교 이원진 교수님, 메타분석 연구에 집중할 수 있도록 지속적인 연구 활동을 이끌어주신 순천향대학교 김재헌 교수님, 그리고 제 삶의 모범이신 (주)림사이언스 대표이사 가천대학교 윤상진 교수님께 진심으로 감사의 마음을 전한다.

2019년 9월
심성률

차례

머리말 · 3

1장 R 중재 메타분석

1 메타분석 · 15
1-1 메타분석 프로그램 소개 · 15
1-2 효과크기 · 16
1-3 효과크기 계산 · 18

2 R의 "meta" 패키지를 이용한 중재 메타분석 · · · · · · · · 23
2-1 연속형 예제자료 · 24
2-2 이분형 예제자료 · 35
2-3 유병률 예제자료 · 45
2-4 자료 유형에 상관없는 메타분석 · · · · · · · · · · · · · · · 55

3 결론 · 60

부록: R 중재 메타분석 코드 · 61

2장 R 네트워크 메타분석

1 네트워크 메타분석의 이해 · 69
1-1 네트워크 메타분석의 통계적 접근 · · · · · · · · · · · · · 69
1-2 네트워크 메타분석의 기본 원리 · · · · · · · · · · · · · · · 75
1-3 네트워크 메타분석의 가정 · · · · · · · · · · · · · · · · · · · 77

2 R의 "gemtc" 패키지를 이용한 베이지안 네트워크 메타분석 · · · 79
2-1 이분형 예제자료 · 80
2-2 연속형 예제자료_평균의 차이 · · · · · · · · · · · · · · · · 98
2-3 연속형 예제자료_표준화된 평균의 차이 · · · · · · · · · 115

3 R의 "netmeta" 패키지를 이용한 빈도주의 네트워크 메타분석 · · · 133
3-1 이분형 예제자료 · 134
3-2 연속형 예제자료 · 142

4 베이지안 vs 빈도주의, R vs Stata에 따른 네트워크 메타분석 결과 비교 · 151

    4-1 효과크기 비교 · 151

    4-2 일관성 검정 결과 비교 · 152

    4-3 치료 간 비교우위 선정 비교 · 153

    부록: R 네트워크 메타분석 코드 · 154

3장 R & Meta-DiSc 진단검사 메타분석

1 진단검사 메타분석의 이해 · 170

    1-1 진단검사 요약추정치 · 170

    1-2 진단검사 메타분석 모형 · 172

    1-3 효과크기 계산 · 173

2 R의 "mada" & "meta" 패키지를 이용한 진단검사 메타분석 · 174

    2-1 데이터 코딩 및 불러오기 · 174

    2-2 요약추정치 · 176

3 Meta-DiSc를 이용한 진단검사 메타분석 · 192

    3-1 데이터 코딩 및 불러오기 · 192

    3-2 요약추정치 · 193

4 결론 · 199

    부록: R 진단검사 메타분석 코드 · 200

4장 R 용량-반응 메타분석

1 용량-반응 메타분석의 이해 · 207

    1-1 용량-반응 메타분석 모형 · 208

    1-2 노출용량 결정하기 · 209

2 R의 "dosresmeta" 패키지를 이용한 용량-반응 메타분석 · 210

    2-1 이분형 예제자료 · 211

    2-2 연속형 예제자료 · 224

3 결론 · 234

    부록: R 용량-반응 메타분석 코드 · 235

참고문헌 · 242

찾아보기 · 245

일러두기

* 이 책에 사용된 데이터 파일은 한나래출판사 홈페이지(www.hannarae.net) 자료실 또는 저자의 블로그(http://blog.naver.com/ryul01)에서 내려받을 수 있다.

* 이 책의 1장 중재 메타분석, 2장 네트워크 메타분석, 3장 진단검사 메타분석에 사용된 예제들은 '황성동, 심성률 (2018). 《메타분석-forest plot에서 네트워크 메타분석까지》. 한나래출판사'와 'Shim SR, Shin IS, Bae JM. (2016). Intervention Meta-Analysis Using Stata Software. *J Health Info Stat*, 41(1), 123-134'에서 가져왔다.

* 이 책의 4장 용량-반응 메타분석에 사용된 예제들은 R "dosresmeta" 패키지의 예제파일 'alcohol_cvd'와 'ari'에서 가져왔다.

R을 실행하기 위한 준비

본 분석은 R version 3.5.1을 기반으로 R studio Version 1.1.463에서 실시하였으며, 이보다 상위 버전에서는 본 책에서 소개한 패키지들을 문제없이 사용할 수 있다. 해당 프로그램들은 무료 프로그램으로 자유롭게 내려받아서 설치하면 된다.

R studio를 실행하면 화면이 크게 네 부분으로 나뉘어 보여지는데 좌상단이 작업을 하는 스크립트(script), 좌하단이 작업했던 결과들이 보여지는 결과창(console)이다. 우상단에는 작업했던 명령어 history, 설정한 함수들, R에서 사용하고자 로딩시킨 데이터들이 나타난다. 그리고 우하단에는 출력 결과로서 그림(plot)이 보여지며 패키지에 대한 상세 설명들도 나타난다.

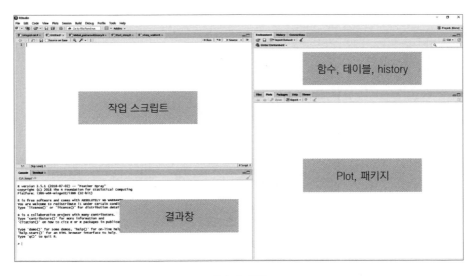

R studio 화면

기본적으로 R studio에서 명령어를 실행하기 위해서는 명령어를 작업 스크립트에 타이핑해야 한다. 그런 다음 이를 마우스로 드래그하여 블록을 설정한 다음 Ctrl+Enter를 누르면 실행 결과가 하단 결과창에 보여진다. 물론 GUI(graphic user interface)도 지원하기 때문에 스크립트 상단에 "-> Run" 아이콘을 클릭하거나 아니면 직접 결과창에 명령어를 입력하고 Enter를 눌러도 실행된다.

R에서는 작업을 시작하기 전에 작업폴더를 설정해주어야 하며 해당 작업폴더에 분석하고자 하는 예제파일을 넣어두어야 한다. 작업폴더를 설정하는 명령어는 다음과 같다.

```
.setwd("C:/r_temp/intervention_MA")
```

저자는 C드라이브 아래에 명령어처럼 폴더를 만들어서 작업폴더로 설정하였다. 작업폴더가 잘 설정되었는지 확인하는 명령어는 다음과 같다.

```
.getwd()
```

텍스트 형태로 작업폴더를 지정하기 번거로울 때는 아래 명령어를 실행하면 폴더 찾아보기가 생성되므로 수동으로 지정하여도 된다.

작업폴더 지정

```
.setwd(choose.dir(getwd(), "Choose a suitable folder"))
```

주의할 점은 R은 대·소문자를 구분하며 드라이브의 하위폴더 구분을 '\'로 하지 않고 '/'로 한다는 것이다. 또한 명령어와 본문의 구분을 위하여 명령어 앞에는 '·'으로 표시한다. 명령어가 길어져서 다음 줄로 넘어가더라도 '·'이 없으면 앞의 줄에서 이어지는 것이다. 따라서 실제 R 프로그램에 입력 시에 '·'은 제외하고 타이핑하여야 한다.

R studio 실행에서 오류가 나는 대부분의 경우는 다음과 같다.

① R studio가 관리자 권한으로 실행되지 않았을 때

② 윈도우 사용자 계정이 한글로 되어 있을 때

③ 대·소문자 구별, 변수 및 함수 이름 띄어쓰기, 점(.), 콤마(,), 쌍따옴표(" "), 외따옴표(' '),
   역슬래시(\), 슬래시(/) 등이 틀렸을 때

④ 조건부 등호 ==를 잘못 입력했을 때

⑤ 따옴표 모양이 글자 모양에 따라 많이 기울어졌을 때(예, "(맞음), ″(틀림, 기울임이 심함))

1장

R 중재 메타분석

메타분석

R의 "meta" 패키지를 이용한 중재 메타분석

부록: R 중재 메타분석 코드

중재 메타분석을 위한 패키지

R에서 메타분석을 실시하는 패키지는 크게 "meta", "metafor", "rmeta"가 있다. 서로 간의 장단점이 있으며 필요한 함수를 쓸 수 있으니 미리 설치해둔다.

```
.install.packages("meta")
.install.packages("metafor")
.install.packaqes("rmeta")
```

주요 설명은 실행하기 쉬운 "meta" 패키지를 중심으로 기술하겠다. 상세한 설명은 아래 사이트에 각 패키지별 상세 코드, 자료, 참고문헌 등이 있으니 참고하기 바란다.

- http://www.imbi.uni-freiburg.de/lehre/lehrbuecher/meta-analysis-with-r/r-packages

- http://meta-analysis-with-r.org/

1 | 메타분석

메타분석(meta-analysis)은 체계적·객관적으로 대상 문헌을 선택한 후 개별 연구들의 결과를 계량화하여 이를 통합된 효과크기(effect size)로 제시하고, 이로써 근거기반의료(evidence based medicine, EBM)를 위한 올바른 의사결정을 할 수 있도록 한다(Shim et al., 2016).

이 책에서는 종합효과크기 계산을 위한 효과크기의 유형과 변경부터 다룰 것이다. 따라서 메타분석을 실시하기 위한 선행 과정들, 즉 PICO(population, intervention, comparison, outcome)에 기초한 체계적 문헌 수집, 데이터 추출, 질 평가(quality assessment)에 대한 사전 지식이 필요하다. 이러한 메타분석의 개념과 기초 지식은《메타분석, forest plot에서 네트워크 메타분석까지》(황성동·심성률, 2018)를 참고하기 바란다.

1-1 메타분석 프로그램 소개

메타분석을 보다 쉽게 접근하기 위한 컴퓨터 소프트웨어로는 Stata, R, SAS, MIX, CMA, RevMan, Meta-Analyst 등이 있다.

RevMan(Review Manager)은 무료이며 기본적인 메타분석은 가능하지만 조절변수의 이질성 파악 등 대부분의 기능이 제한적이다. 그래픽 사용자 입력방식(graphic user interface)으로 초보자에게 접근성은 좋으나 어느 정도 익숙해지면 프로그램 탭을 모두 클릭하고 개별 연구들을 일일이 입력해주어야 하는 불편함이 상당하다.

CMA(comprehensive meta-analysis)는 상용 프로그램이며 마찬가지로 그래픽 사용자 입력방식으로 초보자가 이용하기에 적합하다. RevMan보다는 더 많은 기능을 실행하지만 여전히 확장성은 제한적이어서 메타회귀분석까지만 가능하고 고급기능인 네트워크 메타분석, 진단검사 메타분석, 용량-반응 메타분석, 유전체 메타분석 등은 실행할 수 없다. CMA2까지만 해도 가격 대비 성능이 좋은 편이었지만 CMA3부터는 영구 버전(permanent)이 없어지고 연(year) 단위 구매로 변경되면서 메타분석만을 위한 프로그램으로 사용하기에는 다소 비싼 편이다.

R과 Stata는 확장성이 좋아 현재까지 개발된 중재 메타분석에서부터 진단검사 메타분석에 이르기까지 다양한 분석이 가능하다. Stata는 상용 프로그램으로 가격이 적절하며, 모듈별로 통계방법이 개발되면 이를 업데이트하여 활용할 수 있는 뛰어난 확장성을 지닌 프로그램이다. 이와 더불어 대부분의 통계 모듈들이 Stata 저널에서 검증을 거치기에 표준이 있고 신뢰할 수 있다. R은 무료 프로그램으로 다양한 분야에서 분석방법이 개발되어 있으나, 기본적으로 통계 전공자를 위한 프로그래밍 언어를 사용하기 때문에 이를 구현하려면 상당한 학습이 필요하다. 하지만 메타분석 같은 특정한 통계 도구로서의 R은 기초적인 패키지 사용과 데이터 및 함수 설정 방법 정도만 익힌다면 누구라도 쉽게 사용할 수 있다. 더욱이 R studio를 같이 설치한다면 그래픽 사용자 입력방식을 지원하기 때문에 매우 편리하다.

1-2 효과크기

메타분석을 실시하려면 가장 먼저 효과크기(effect size)에 대한 이해가 필요하다. 간단히 말하자면 효과크기란 특정 중재(intervention)에 따른 효과를 나타낸다. 예를 들어 특정 약물의 투입 또는 치료로써 얻게 되는 이익(또는 손해)을 말하며 통상적으로 양적 수치로 표현한다.

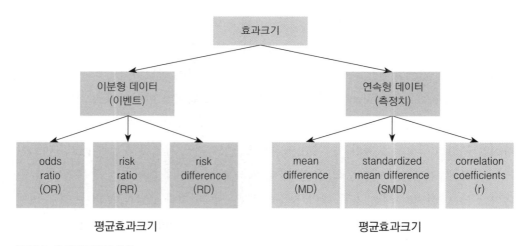

[그림 1-1] 효과크기의 유형

일반적으로 효과크기는 자료의 종류에 따라 다양하게 표현된다[그림 1-1]. 연속형 자료(continuous data)에서는 평균의 차이(difference in means, MD), 이분형 자료(binary data) 또는 생존형 자료(time to event data)에서는 위험도비(odds ratio, relative risk, 또는 hazard ratio), 그리고 유병률 자료(proportion or rate data)에서는 백분율(percentage) 형태로 효과크기가 표현된다. 의학에서는 일반적으로 상관계수(correlation coefficient, r)로 나타내는 효과크기의 활용도가 떨어지므로 크게 고민하지 않아도 될 것이다.

위험도비의 형태와 백분율은 이미 자료들 간의 표준화가 이루어져 있기 때문에 이를 효과크기 그대로 사용해도 큰 문제는 없다(물론 자료의 분포를 만족하기 위한 로그변환 여부는 추후 논할 것이다).

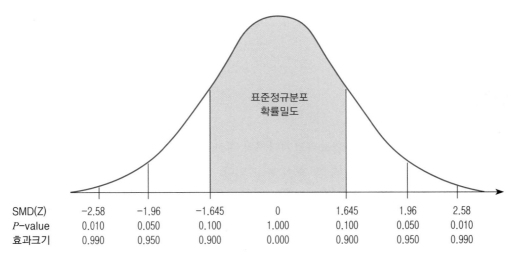

[그림 1-2] 표준화된 평균의 크기(standardized mean difference)

그러나 연속형 변수의 경우 평균의 차이를 효과크기로 사용하는데, 이때는 효과크기의 표준화를 고려해주어야 한다. 우선 코크란에서는 MD(mean difference) 또는 difference in means로 지칭하며, 개별 연구들이 동일한 단위(scale)일 경우 사용이 가능하고 단위 그대로 이해하면 되기에 해석이 용이하다는 장점이 있다. WMD(weighted mean difference) 또는 absolute MD는 동일한 용어이며 뒤에 설명할 표준화된 효과크기(SMD)

와 혼동할 우려가 있기에 권장하지는 않는다.*

표준화된 효과크기 SMD(standardized mean difference)는 개별 연구들의 단위가 다를 때 이들을 표준화시켜 상호 비교할 수 있도록 만든 것이다. 쉽게 말해 비교 그룹 간 MD 를 개별 연구들 각각의 공통표준편차(pooled standard deviation, sd)로 나누어주는 것이다. 이렇게 개별 효과크기들을 표준화시키면 연구마다 단위가 다르더라도 종합할 수 있다.

[그림 1-2]는 SMD의 크기를 잘 표현하고 있는데 사실 SMD는 표준정규분포 곡선의 z값 확률밀도크기와 동일하다. 예를 들어 SMD가 1.96이면 0을 중심으로 양의 방향으로 47.5%에 위치한다. 한 가지 주의할 것은 참조그룹이 '0'에 위치하기 때문에 효과크기의 방향에 따라 단측으로 해석해야 한다는 점이다. 따라서 SMD가 1.96인 경우를 다시 해석하면 '치료그룹은 참조그룹 대비 95% 우수/열등하다'는 의미가 된다.

1-3 효과크기 계산

원자료(raw data)에서 최종 종합효과크기까지의 계산은 앞에서 언급하였듯이 메타분석의 수식을 잘 이해하고 있다면 간단히 풀어낼 수 있다. 그러나 연구자가 이를 일일이 수식으로 계산하는 것은 번거롭기도 하고 실수가 생길 수 있으므로 메타분석 프로그램에 맡기도록 하자. 따라서 본서에서는 메타분석을 위해서 기본적으로 이해하고 있어야 할 효과크기와 표준오차 계산만을 다룰 것이다. 뒤에 본격적으로 프로그램을 사용해서 분석할 텐데 메타분석은 원자료 자체를 넣어서 계산할 수도 있고, 요약된 효과크기와 표준오차를 이용해 종합효과크기를 구할 수도 있다.

저자가 판단하건대 *개별 연구에서의 효과크기와 표준오차를 계산하는 것은 매우 중요한 부분이며* 컴퓨터 프로그램과 더불어 스스로 할 수 있어야 한다. 개별 연구들의 효과크기와 표준오차를 충분히 이해해야만 추후 이어지는 메타분석 고급기능으로의 확장된 접근이 가능할 것이다.

---

* Cochrane handbook; 9.2.3.1. 9 The mean difference (or difference in means).

1) 연속형 예제자료

치료그룹과 대조그룹이 있을 때 각각의 표본수, 평균, 표준편차는 [그림 1-3]에 나타나 있다. 만일 메타분석을 위해 수집한 연구들의 단위가 동일하다면 MD를 직접 사용해도 된다. 그러나 메타분석의 방법론에 충실하고 연구들 간의 단위가 동일하지 않다면 표준화를 시켜주어야 상호 비교가 가능하다.

study	n1	m1	s1	n2	m2	s2	md	sd	se	cohen_d	cohen_se
study1	7.0	23.2	4.2	5.0	39.0	7.4	-15.8	5.7	3.337	-2.772	0.814

n1,m1,s1,n2,m2,s2는 치료그룹과 대조그룹 각각의 표본수, 평균, 표준편차
mean difference, md = m1-m2
pooled sd, sd = sqrt(((n1-1)*s1^2+(n2-1)*s2^2)/(n1+n2-2))
pooled se, se = sqrt(1/n1+1/n2)*sd
SMD, cohen_d = md/sd
SMD 표준오차, cohen_se = sqrt(1/n1+1/n2+cohen_d^2/(2*(n1+n2)))

[그림 1-3] 연속형 예제자료 효과크기와 표준오차

　　m1은 치료그룹의 치료 전 평균(pre_mean1)과 치료 후 평균(post_mean1)의 차이이며 m2는 대조그룹 전/후의 평균 차이이다. 따라서 s1과 s2는 각 m1과 m2의 표준편차이다. md는 단순히 치료그룹과 대조그룹 평균의 차이이며(m1-m2; 평균 차이의 방향은 연구자가 의도하는 방향으로 설정), 공통표준편차와 공통표준오차(pooled standard error, se)는 위의 수식으로 계산한다. 표준화된 효과크기 SMD는 md를 공통표준편차로(sd) 나누어준 것이며, SMD의 표준오차도 위의 수식으로 계산한다. 사실 Cohen의 d를 SMD로 사용하면 표본수가 적을 경우 종합효과크기(overall effect size)를 과대추정하는 경향이 있는데 이를 보정해주기 위해서 Cohen의 d를 보정하여 Hedges의 g를 사용한다. 계산이 복잡하므로 프로그램에 맡기도록 하자.

　　종합효과크기를 구해보면 원자료가 가장 보수적이고, 다음으로 요약된 효과크기로 계산한 Cohen's d와 Hedges' g의 순서를 나타낸다. 몇 번의 실습을 해보면 방법들 간의 차이는 크지 않다는 것을 알 수 있을 것이다. 중요한 것은 효과크기를 표준화한다는 것이다. 뒤에서 R을 이용하여 메타분석을 실습하기에 앞서서 원자료의 n1, m1, s1, n2, m2, s2와

더불어 이를 요약한 효과크기 cohen_d, cohen_se가 준비되었다. 실습을 해보면 이해하겠지만 메타분석을 실행하는 두 가지 옵션을 미리 준비한 것이다.

2) 이분형 예제자료

이분형 예제자료는 치료의 유무와 질병 개선의 유무에 따라 흔히 2×2 테이블 형태로 표시한다. 이때 tp(치료이면서 질병 개선됨), fp(치료이면서 질병 개선 안 됨), fn(치료 아니면서 질병 개선됨), tn(치료 아니면서 질병 개선 안 됨)이라고 하면 효과크기 OR(odds ratio)은 다음과 같다.

study	tp	fp	fn	tn	or	or_se	or95l	or95h	lnor
study1	16	49	12	53	1.442	0.430	0.621	3.352	0.366

odds ratio, or= (tp*tn)/(fp*fn)
odds ratio 표준오차, or_se = sqrt(1/tp+1/fp+1/fn+1/tn)
odds ratio 95%신뢰구간 상하한, or95 = exp(ln(or) ± 1.96*or_se)
로그변환한 odds ratio, lnor = ln(or)

[그림 1-4] 이분형 예제자료 효과크기와 표준오차

원자료에서 [그림 1-4]의 수식으로 간단히 OR 효과크기와 표준오차를 구할 수 있다. 만약 관심 효과크기가 RR(risk ratio)과 표준오차라면 다음 수식으로 계산한다.

$$rr=(tp/(tp+fp))/(fn/(fn+tn))$$
$$rr\_se=sqrt((((tp+fp)-tp)/tp)/(tp+fp)+(((fn+tn)-fn)/fn)/(fn+tn))$$

원자료의 세부 정보가 없이 OR과 95% 신뢰구간만 표시되어 있을 경우 표준오차는 다음과 같이 계산한다.

$$or\_se=(ln(95\% \ 상한)-ln(95\% \ 하한))/3.92$$

연속형 자료에서와 마찬가지로 이분형 예제자료도 원자료 tp, fp, fn, tn과 더불어 이를 요약한 효과크기 or, or_se를 계산하였기에 원자료로 계산하는 것과 요약된 효과크기로 계산하는 두 가지 옵션을 모두 실행할 수 있다. 한 가지 주의할 점은 이분형 자료에서의 요약된 효과크기(OR 또는 RR)와 표준오차로 메타분석을 실행할 때는 통상적으로 로그변환된 값(lnor)을 사용한다는 것이다.

로그변환을 하는 이유는 무엇일까? 우리가 사용하는 대부분의 통계방법은 몇 가지 가정(assumption)에서 시작된다. 예를 들어 정규분포를 가정하는 함수라면 먼저 정규성을 만족해야 할 것이다. 만약 그렇지 않다면 해당 모형에 적합하도록 변수변환을 실시해야 한다. 우리가 현재 관심을 가지고 있는 위험도(OR 또는 RR)를 생각해보자. 이 수치는 0으로 하한이 닫혀 있어 어떤 통계모형을 사용하든 자료의 분포가 제한되어 가정에 위배된다. 따라서 이를 풀어주고자 로그변환을 실시하는 것이다.[*]

• 승산(odds) 변환	
확률변수는 p/(1−p)로 일정하게 연산을 하면 1이라는 상한을 풀 수 있다.	만약 90%, 즉 0.9라는 변수가 있다면 승산변환 값은 0.9/(1−0.9) = 9로 상한을 풀 수 있다.
• 로그(log) 변환	
하한이 0으로 제한되어 있는데 이를 로그변환하면 0이라는 하한을 풀 수 있다.	만약 10%, 즉 0.1이라는 변수가 있다면 승산변환 값은 0.1/(1−0.1) = 0.111이다. 이를 다시 로그변환하면 ln(0.111) = −0.955로 하한을 풀 수 있다.

※ 흔히 로그변환과 승산변환을 합쳐서 로짓(logit)이라고 한다.

[그림 1-5] 로그변환을 하는 이유

물론 최종 계산을 완료한 후에는 해석을 위해서 지수변환을 실시하여 원래의 단위로 환원해주어야 한다. 마찬가지로 비율자료(백분율)는 0과 1 사이로 상·하한이 닫혀 있어 로짓변환해서 계산해주어야 한다[그림 1-5]. 덧붙이자면 생존분석에서의 위험도(hazard ratio, HR)는 효과크기의 표현이 OR과 동일하므로 이분형 자료의 방법대로 효과크기와 표준오차를 계산한 다음 메타분석을 실시하면 된다.

---

[*] 황성동, 심성률 (2018). 《메타분석 – forest plot에서 네트워크 메타분석까지》. 한나래출판사.

3) 유병률 예제자료

비율의 형태로 나타나는 유병률 자료는 이분형 자료에서 실시한 로그변환에 앞서서 승산변환을 먼저 실시한 다음 로그변환하는 로짓변환을 실시한다. 그 이유는 앞서 설명한 대로 유병률 자료의 0과 1 사이 상·하한을 풀어주기 위해서다.

study	event	n	p	q	se	lnp	logitp
Shim 2008	25	191	0.131	0.869	0.024	-2.033	-1.893

event는 발생건수, n은 표본수
유병률, p = 25/191
q = 1-p
표준오차, se = sqrt((p*q)/n)
로그변환한 odds ratio, lnor = ln(or)
로짓변환한 oods ratio, logitp = =ln(p/(1-p))

[그림 1-6] 유병률 예제자료 효과크기와 표준오차

유병률 자료에서 준비된 효과크기는 변환하지 않은 원자료의 p(유병률), lnp(로그변환한 유병률), logitp(로짓변환한 유병률) 세 가지이다.

2 │ R의 "meta" 패키지를 이용한 중재 메타분석

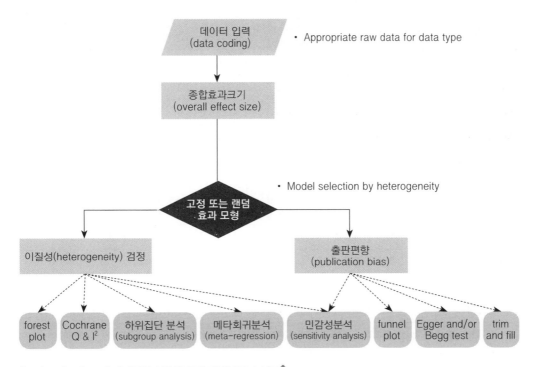

[그림 1-7] R "meta" 패키지를 이용한 중재 메타분석 순서도 *

[그림 1-7]은 일반적인 중재 메타분석의 흐름을 나타낸다. 최초 자료 코딩 시 해당 함수에 적합하도록 변수명을 수정해야 하며 메타분석 모델 선정(fixed or random)으로 종합효과크기를 제시하고, 이질성을 확인한 다음, 출판편향을 확인해서 보고한다.

✳ Shim, S. R., Shin, I. S. & Bae, J. M. (2016). Intervention Meta-Analysis Using Stata Software. *Journal of Health Informatics and Statistics,* 41(1), 123-134.

2-1 연속형 예제자료(continuous data)

[표 1-1] 줄기세포 치료에 따른 방광압력의 변화 (연속형 예제자료)

study	n1	m1	s1	n2	m2	s2	md	sd	se	cohen_d	cohen_se	g
Mitsui2003	7	23.2	4.2	5	39.0	7.4	−15.8	5.7	3.337	−2.772	0.814	1
Mitsui2005a	12	28.2	0.9	11	35.9	1.4	−7.7	1.2	0.486	−6.608	1.060	1
Mitsui2005b	8	27.9	2.0	10	33.4	1.2	−5.5	1.6	0.759	−3.438	0.744	1
Mitsui2011	10	27.9	2.0	9	36.1	2.7	−8.2	2.4	1.082	−3.481	0.728	1
Telmeltas2009_1	10	43.4	5.7	5	61.8	9.4	−18.4	7.1	3.866	−2.607	0.726	0
Telmeltas2009_2	9	53.1	7.9	5	61.8	9.4	−8.7	8.4	4.697	−1.033	0.591	0
WBPark2010_1	9	9.7	4.1	11	9.6	4.2	0.1	4.2	1.870	0.024	0.449	1
WBPark2010_2	6	10.3	4.5	9	8.1	7.4	2.2	6.4	3.391	0.345	0.531	1
YHu2012	8	33.8	3.8	8	40.7	4.0	−6.9	3.9	1.941	−1.783	0.591	0
YingJin2011_1	9	36.2	1.7	10	42.3	4.1	−6.1	3.2	1.465	−1.917	0.555	1
YingJin2011_2	6	37.2	2.0	10	42.3	4.1	−5.1	3.5	1.799	−1.467	0.578	1

n1,m1,s1,n2,m2,s2는 치료그룹과 대조그룹 각각의 표본수, 평균, 표준편차.
md, mean difference; sd, pooled sd; se, pooled se; cohen_d, SMD; cohen_se, SMD의 표준오차; g, group.

1) 데이터 코딩 및 불러오기

척수손상 동물모델에서 줄기세포치료에 따른 방광기능 효과를 메타분석한 연구로서 결과지표는 배뇨 압력(voiding pressure)을 예제로 사용하였다. 전체 연구 수는 11개였고 실험군 94개와 대조군 93개로 이루어졌다. subgroup 1은 contusion model, 0은 transection and hemisection model로 구분하였다.

메타분석을 실행하기 위해 meta 패키지를 로딩시킨다.

```
.library(meta)
```

다음은 작업폴더에 넣어둔 예제파일을 아래 명령어로 R 메모리에 불러온다. R에서는 쉼표로 구분된 수치파일(csv) 형태를 선호하니 파일을 미리 해당 포맷으로 저장해서 지정된 작업폴더에 넣어두어야 한다[표 1-1].

```
.data_con <- read.csv("shim_con.csv", header=TRUE)
```

read.csv는 csv 파일을 불러오는 함수로서 파일명 "shim_con.csv"를 불러와서 파일의 첫 번째 변수명을 그대로 쓴다는 뜻이다(header=TRUE). 이렇게 로딩된 csv 파일은 R 메모리에서는 data_con이라는 이름의 객체(object)로 저장된다. 이를 확인해보려면 View 함수에 지정한 데이터를 넣어준다.

```
.View(data_con)
```

2) 종합효과크기

meta 패키지는 하위에 여러 함수들을 포함하는데 그중 metacont 함수는 연속형 자료에서 원자료들이 모두 있을 때 종합효과크기를 계산한다.

```
.ma_con <- metacont(n1, m1, s1, n2, m2, s2, sm="SMD", method.smd=" Hedges",
study, byvar=g ,data=data_con)
.print(ma_con , digits=3)
```

패키지 상세 설명을 차근차근 읽어보면 이해가 가겠지만 빠른 진행을 위해 본 예제에서는 가급적 변수명을 변경하지 않도록 한다. 연속형 자료에서는 치료그룹과 대조그룹의 표본수, 평균, 표준편차를 각각 차례대로 넣어준다. 치료그룹과 대조그룹을 지정할 때 연구자가 원하는 효과크기의 방향(+/-)에 따라 설정하면 된다.

개별 연구들의 단위가 동일하여 효과크기를 표준화하지 않고 계산하려면 smd="MD"로 입력하면 된다. 그러나 통상적으로는 표준화된 효과크기는 SMD로 표시하며, SMD를 산출하는 방법에는 여러 가지가 있다. 가장 기본적인 방법이라면 효과크기를 공통 표준편차로 나누어주는 Cohen의 d를 말하는데, 표본수가 적을 경우 종합효과크기가 과대추정되는 경향이 있으므로 이를 보정해주는 Hedges의 g를 사용하는 것이 바람직하다(method.smd=＂Hedges＂ 또는 ＂Cohen＂).

고정효과모형(fixed effect model) 또는 랜덤효과모형(random effect model)의 설정을 위해서는 comb.fixed=TRUE 또는 FALSE, comb.random=TRUE 또는 FALSE를 추가해서 입력한다. 만약 모형 설정을 하지 않으면 metacont 함수에서는 두 모형의 결과를 모두 제시한다.

study는 개별 연구들의 이름을 나타내며 data=data_con은 R 메모리에 로딩된 data_con이라는 데이터를 지정해주는 것이다. subgroup별 결과를 나타내려면 byvar=g를 입력하는데 g는 subgroup을 나타내는 변수명이다. metacont 함수를 사용해서 나온 결과들은 ma_con에 지정되며 결과는 [그림 1-8]과 같다.

ma_con에서 나온 결과들을 [그림 1-8]에서 하나씩 살펴보자. ①은 전체 11개 연구의 종합효과크기를 나타낸다. 고정효과모형의 SMD는 −1.456(95%CI; −1.832, −1.081) p−value < 0.0001 이하로서 해당 처치가 통계적으로 유의하게 개선되는 결과를 나타낸다. 랜덤효과모형의 SMD는 −1.973(95%CI; −2.897, −1.048) p−value < 0.0001 이하로서 동일한 결과를 나타낸다. ②와 ③은 subgroup에 해당하는 결과를 고정효과모형 또는 랜덤효과모형으로 나타낸 것이다. 랜덤효과모형에서는 subgroup(0 vs 1)에 따른 차이가 의심된다. ④는 전체 연구의 이질성(heterogeneity)을 나타낸 것이다. 이질성의 Higgins' I^2는 Cochrane Q statistics에서 자유도(degree of freedom)를 뺀 것을 다시 Cochrane Q statistics로 나누어준 값으로 이질성을 일관성 있게 정량화시킨다. 0%에서 40%는 이질성이 중요하지 않을 수 있으며(might not be important), 30%에서 60%는 중간 이질성(moderate heterogeneity), 50%에서 90%는 중대한 이질성(substantial heterogeneity), 75%에서 100%는 심각한 이질성(considerable heterogeneity)을 나타낸다. Cochrane Q statistics의 p−value는 조금 더 폭넓게 0.1을 유의성 판단 기준으로 한다.*

본 연속형 예제자료의 Higgins' I^2는 82.7%이며 Cochrane Q statistics p−value < 0.0001 이하로 이질성이 존재한다는 것을 알 수 있다. 따라서 전체적인 모델은 랜덤효과모형을 우선해야 한다. 그 외에 [그림 1-8] 하단에는 해당 결과가 어떤 계산방법으로 도출되었는지를 밝히고 있다. Inverse variance method는 메타분석의 기본적인 방법으로 개

---

*   Cochrane handbook; 9.5.2. Identifying and measuring heterogeneity.

```
                    SMD              95%-CI %W(fixed) %W(random) g
Mitsui2003       -2.5588 [-4.2551; -0.8625]     4.9        8.2 1
Mitsui2005a      -6.3696 [-8.5509; -4.1884]     3.0        6.9 1
Mitsui2005b      -3.2738 [-4.7997; -1.7479]     6.1        8.7 1
Mitsui2011       -3.3254 [-4.8158; -1.8350]     6.3        8.8 1
Telmeltas2009_1  -2.4536 [-3.9361; -0.9710]     6.4        8.8 0
Telmeltas2009_2  -0.9672 [-2.1393;  0.2049]    10.3        9.6 0
WBPark2010_1      0.0230 [-0.8580;  0.9040]    18.2       10.3 1
WBPark2010_2      0.3247 [-0.7171;  1.3666]    13.0        9.9 1
YHu2012          -1.6858 [-2.8745; -0.4971]    10.0        9.5 0
YingJin2011_1    -1.8309 [-2.9438; -0.7180]    11.4        9.7 1
YingJin2011_2    -1.3869 [-2.5405; -0.2333]    10.6        9.6 1

Number of studies combined: k = 11

  ①                   SMD              95%-CI      z  p-value
Fixed effect model  -1.4565 [-1.8318; -1.0811] -7.60 < 0.0001
Random effects model -1.9729 [-2.8973; -1.0485] -4.18 < 0.0001

Quantifying heterogeneity:④
tau^2 = 1.9634; H = 2.40 [1.83; 3.14]; I^2 = 82.7% [70.3%; 89.9%]

Test of heterogeneity:
    Q d.f.  p-value
 57.66   10 < 0.0001

Results for subgroups (fixed effect model):②
       k    SMD              95%-CI       Q tau^2    I^2
g = 1  8 -1.4066 [-1.8448; -0.9683] 55.06 2.8537 87.3%
g = 0  3 -1.5939 [-2.3211; -0.8666]  2.41 0.0870 17.1%

Test for subgroup differences (fixed effect model):
                 Q d.f.  p-value
Between groups 0.19    1   0.6655
Within groups 57.48    9 < 0.0001

Results for subgroups (random effects model):③
       k    SMD              95%-CI       Q tau^2    I^2
g = 1  8 -2.1385 [-3.4101; -0.8669] 55.06 2.8537 87.3%
g = 0  3 -1.6101 [-2.4126; -0.8076]  2.41 0.0870 17.1%

Test for subgroup differences (random effects model):
                 Q d.f. p-value
Between groups 0.47    1  0.4909

Details on meta-analytical method:
- Inverse variance method
- DerSimonian-Laird estimator for tau^2
- Hedges' g (bias corrected standardised mean difference)
```

[그림 1-8] 연속형 예제자료 종합효과크기

별 연구들의 가중치를 계산할 때 해당 연구의 역분산을 활용한다. DerSimonian–Laird estimator는 랜덤효과모형에서 연구 간 변량을 계산할 때 tau값을 계산하는 방법이며, Hedges' g는 현재의 결과값이 Cohen's d를 보정한 Hedges의 g를 사용하였음을 나타낸다.

세부적인 계산방법은 meta 패키지를 참조하여 임의대로 자유롭게 설정할 수 있다. [그림 1-8]은 상세한 정보를 파악하기는 좋으나 전반적인 식별력이 떨어진다. 따라서 forest plot을 작성해줌으로써 독자들의 이해도를 향상시킬 수 있다.

고정효과모형 vs. 랜덤효과모형, 어떤 모형을 선택할까?

일반적인 중재 메타분석에서는 흔히들 이질성의 정도를 나타내는 Higgins' I^2 또는 Cochrane Q statistics의 통계적 유의차를 가지고 고정효과모형과 랜덤효과모형을 선택한다. 이질성이 높을 경우($I^2 > 50\%$) 랜덤효과모형을 사용한다고 해서 완벽한 해결책이라고 볼 수는 없지만 그래도 적절한 선택이라고 할 수 있다.

그렇다면 고정효과모형과 랜덤효과모형을 조금 더 자세히 살펴보자. 우선 고정효과모형은 개별 연구들의 치료에 따른 특정한 공통효과크기(common effect size)가 존재하며 연구들 간의 효과 차이는 표본추출오차(sampling error) 때문이라 가정한다. 따라서 고정효과모형은 대상집단과 치료방법이 동질하다고 판단될 경우 고려할 수 있다. 반면에 랜덤효과모형은 개별 연구들의 중재 효과에 대해 특정된 공통효과크기를 추정하기보다는 분포(distribution)를 추정하며 정규분포를 따른다고 가정한다. 따라서 연구들 간의 효과 차이는 표본추출오차와 연구들 간의 실체적 차이 (true difference, tau)를 동시에 고려한다. 연구들 간의 실체적 차이가 적거나 0인 경우 두 모형은 동일한 값을 나타낸다.

요약하자면 랜덤효과모형은 연구들 간의 실체적인 차이가 존재하며 따라서 이를 고려하여 공통 효과크기를 분포의 형태로 추론하는 것이다. 따라서 인종, 연령, 지역, 사회, 연구디자인, 연구자 등이 상이한 다양한 여러 연구들을 종합하여 하나의 결론을 도출하는 메타분석의 방법론에서 보면 랜덤효과모형이 좀 더 충실한 모형이라고 할 수 있다.

만약 두 모형에 대한 결과에 확신이 서지 않는다면 두 결과를 모두 제시하여 독자들이 스스로 판단하게 하는 것도 연구의 완성도를 올릴 수 있는 방법일 것이다.

■ forest plot

```
.forest(ma_con, comb.fixed=TRUE, comb.random=TRUE,digits=3,rightcols=c("e
ffect", "ci"))
```

forest 함수에 해당하는 설정된 메타분석 모델(ma_con)을 입력한다. 그런 다음 다양한 옵션들을 넣어서 그림을 예쁘게 만들어준다. comb.fixed＝TRUE와 comb. random＝TRUE는 두 모형을 모두 표시하라는 것이고, digits＝3은 소수점 셋째 자리까지만 표시하라는 것이다. rightcols＝c("effect", "ci")는 forest plot 오른편에 원래 표시되는 weight를 생략하고 효과크기와 신뢰구간만을 보여주라는 의미이다. 이외에도 색깔을 넣거나 필요한 정보를 추가/제거하는 등 임의대로 작성할 수 있으니 보다 상세한 내용은 직접 meta 패키지를 연습하며 살펴보기 바란다.

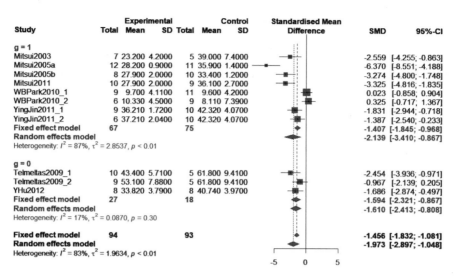

[그림 1-9] 연속형 예제자료 forest plot

[그림 1-9]는 앞의 종합효과크기와 동일한 정보를 제공한다. 더불어 개별 연구들의 효과크기를 그래픽으로 제시함으로써 연구 내 변동과 연구 간 변동을 쉽게 파악할 수 있도록 해준다. 예를 들어 연구 내 변량이 큰 것은 Mitsui2005_a와 Mitsui2003인 것을 알 수 있고, 연구 간 변량이 큰 것은 Mitsui2005_a, WBPark2010_1, WBPark2010_2인 것을 알 수 있다.

3) 이질성(heterogeneity)

메타분석에서 얻어낸 종합효과크기를 제대로 해석하려면 연구들 간의 이질성 유무를 확인하고 만약 유의한 조절변수(moderator)가 있다면 이를 검정하고 보고해야 한다. 이러한 이질성의 원인은 우연(chance), 연구디자인(study design)의 차이, 연구환경, 그리고 표본집단의 인구사회학적 요인에 이르기까지 매우 다양하다.

(1) 시각적 확인: forest plot & subgroup analysis

이질성을 탐색하기 위해 연구 내 변동과 연구 간 변동을 시각적으로 쉽게 확인할 수 있다.

(2) 이질성 측정: Higgins' I^2 & Cochrane Q statistics

이질성의 정도를 수치화해서 나타내며 통계적 검정도 보여준다.

(3) 이질성 원인 파악: meta-regression

forest plot을 이용한 시각적 확인과 Cochrane Q statistics와 Higgins' I^2을 이용한 이질성 수치로부터 이질성이 의심된다면 그 원인을 통계적으로 검정하기 위하여 메타회귀분석을 실시한다.

```
.metareg(ma_con,g, method.tau="REML", digits=3)
```

metareg 함수에 설정된 메타분석 모델을 넣어주고, 메타회귀분석에 가중치를 부여하는 방법에 따라 method.tau = "REML"(restricted maximum-likelihood estimator) 또는 "ML"(maximum-likelihood estimator) 또는 "DL"(DerSimonian-Laird estimator) 등을 선택한다. 가중치 계산방법에 따른 수치의 변화는 있지만 대부분의 통계적 방향성은 동일하기 때문에 너무 신경 쓰지 않아도 된다.

```
Model Results:

          estimate     se    zval   pval   ci.lb  ci.ub
intrcpt     -1.686  1.025  -1.644  0.100  -3.695  0.324
g           -0.447  1.207  -0.371  0.711  -2.812  1.918
```

[그림 1-10] 연속형 예제자료 meta-regression

랜덤효과모형을 기준으로 subgroup 1의 종합효과크기는 −2.139(95%CI; −3.410, −0.867), subgroup 0의 종합효과크기는 −1.610(−2.413, −0.808)으로 해당 변수가 조절변수(moderator)로 의심되었다. 그러나 메타회귀분석 결과 p–value=0.711로 통계적으로 유의한 차이를 나타내지는 않았다[그림 1-10].

```
.bubble(metareg(ma_con, g, method.tau="REML"))
```

메타회귀분석을 다음 그림과 같이 도식화해서 나타낼 수 있다. 그래프상의 직선은 회귀직선을 나타내며 그 기울기에 대한 통계적 검정이 앞서 실시한 p–value이다.

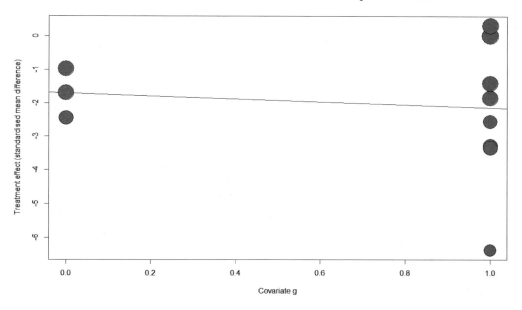

[그림 1-11] 연속형 예제자료 meta-regression bubble plot

(4) 이질성 원인 파악: meta-ANOVA

조절변수가 연속형일 경우 앞서 실시한 메타회귀분석으로 확인 가능하지만 범주형 변수일 경우 메타ANOVA분석을 사용한다. 지금 예제의 조절변수(g)는 0과 1로 구성되어 있기에 메타회귀분석과 메타ANOVA 둘 다 가능하다.

[그림 1-8]의 test for subgroup differences 내 between groups의 p-value가 사실 조절변수 g로 이미 메타ANOVA분석을 실시한 결과이다. 그러나 이 상태에서는 ANOVA의 기본 가정인 등분산성을 고려하지 않았기에 메타분석에서 분산으로 쓰이는 tau^2를 같게 하여 분석을 실시해야 한다.

```
.ma_con <- metacont(n1, m1, s1, n2, m2, s2, sm="SMD", method.smd=" Hedges",
tau.common=TRUE, study, byvar=g, data=data_con)
.print(ma_con, digits=3)
```

앞서 실시한 메타분석 모델을 tau.common=TRUE를 추가하여 다시 한 번 실시한다. 고정효과모형 또는 랜덤효과모형의 test for subgroup differences 내 between groups의 p-value가 0.05 이상으로 통계적으로 유의하지 않아 g는 조절변수로서 작용하지 않는다는 것을 확인할 수 있다.

4) 출판편향 확인

출판편향(publication bias)은 개별 연구들의 특성과 결과에 따라 연구가 출판되거나 출판되지 않을 오류이다. 일반적으로 통계적으로 유의한 연구결과일 경우 출판될 가능성이 더 높기 때문에 이러한 오류가 발생한다. 따라서 이러한 출판편향을 고려하여 해당 메타연구의 결과가 과대 또는 과소 추정되지는 않았는지 확인해야 한다.

(1) 시각적 확인: funnel plot

출판편향을 탐색하기 위해 연구들 간의 비대칭성이 존재하는지 시각적으로 확인해야 한다.

```
.funnel(ma_con, comb.fixed=TRUE, comb.random=FALSE)
```

funnel 함수에 설정된 메타분석 모델을 넣고 comb.fixed=TRUE 또는 FALSE, comb.random=TRUE 또는 FALSE를 추가해서 입력한다.

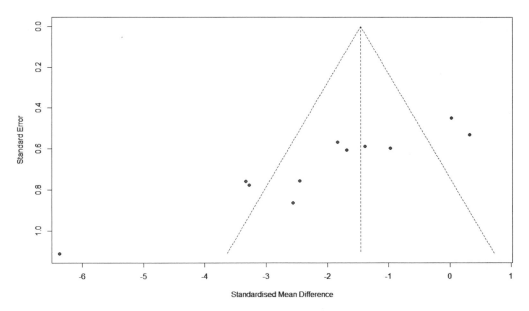

[그림 1-12] 연속형 예제자료 funnel plot

funnel plot의 Y축은 표본크기(표준오차)를, X축은 효과크기를 제시한다. 일반적으로 작은 규모의 연구들은 아래쪽에 넓게 분포되며 큰 규모의 연구들은 깔때기 안쪽 상단에 좁게 분포된다. 따라서 깔때기 안쪽 상단에 좌우대칭으로 골고루 분포되어 있다면 출판편향이 적다고 판단할 수 있다.

연속형 예제자료는 깔때기 바깥 좌측으로 3개, 우측으로 2개의 연구가 분포한다. 또 깔때기 안 좌측에는 4개, 우측에는 2개의 연구가 분포한다. 이를 통해 시각적으로 출판편향이 있을 것이라 판단할 수 있다[그림 1-12].

(2) 출판편향 통계적 검정

출판편향을 통계적으로 검정하는 일반적인 방법에는 Egger's linear regression method test(Egger's test)와 Begg and Mazumdar's rank correlation test(Begg's test)가 있다. Egger's test가 Begg's test보다 효과크기의 실제 추정치를 더 정확히 추정한다고 보고된다. 그러나 통계적 검정은 출판편향의 영향보다는 연구의 수가 적을 경우(small study effect) 이를 정확히 검정하지 못하므로 Cochrane에서는 권고하지 않는다.

■ Egger's linear regression method test

개별 연구들의 효과크기와 표준오차에 대한 관계를 회귀식으로 나타낸 것으로, 귀무가설은 회귀식의 초기값(intercept)이 우연에 의한 결과로서 출판편향이 있음을 증명할 수 없다는 것이다.

```
.ma_con <- metacont(n1, m1, s1, n2, m2, s2, sm="SMD", method.smd="Hedges",
study,data=data_con)
.metabias(ma_con, method.bias="linreg")
```

앞서 종합효과크기 계산에서 subgroup 분석으로 나누었기 때문에 metabias 함수가 실행되지 않을 가능성이 크다. 따라서 전체 연구를 대상으로 다시 한 번 종합효과크기를 계산한 다음 바로 이어서 metabias 함수를 사용한다. metabias 함수에 설정된 메타분석 모델과 Egger's test를 실행하는 method.bias="linreg" 옵션을 추가한다.

```
        Linear regression test of funnel plot asymmetry

data:  ma_con
t = -6.919, df = 9, p-value = 6.919e-05
alternative hypothesis: asymmetry in funnel plot
sample estimates:
      bias    se.bias     slope
  -9.232808  1.334415  4.254523
```

[그림 1-13] 연속형 예제자료 Egger's test

연속형 자료의 경우 bias 항목의 Coef.가 −9.23으로 초기값을 나타내며 해당 p−value < 0.0001로 귀무가설을 기각하여 출판편향이 있음을 확인할 수 있다[그림 1−13].

■ Begg and Mazumdar's rank correlation test

개별 연구들의 표준화된 효과크기와 표준오차와의 상관관계를 보정된 순위상관(rank correlation)으로 검정한다. 순위상관 검정이 유의하지 않다면 출판편향이 없음을 나타낸다.

```
.metabias(ma_con, method.bias="rank")
```

metabias 함수에 설정된 메타분석 모델과 Begg's test를 실행하는 method.bias = "rank" 옵션을 추가한다.

```
        Rank correlation test of funnel plot asymmetry

data:  ma_con
z = -3.0361, p-value = 0.002396
alternative hypothesis: asymmetry in funnel plot
sample estimates:
        ks     se.ks
-39.00000  12.84523
```

[그림 1-14] 연속형 예제자료 Begg's test

Egger's test 결과와 마찬가지로 p-value = 0.0024로 출판편향이 있음을 알 수 있다. 이처럼 출판편향이 통계적으로 유의할 때는 출판편향이 의심되는 연구들을 포함하거나 제외하여 종합효과크기를 다시 한 번 확인할 필요가 있다. 즉 출판편향에 대한 민감도 분석(sensitivity analysis)을 실시하여 해당 연구들의 특성을 보고하고 이질성이 발견된다면 메타회귀분석을 통해서 통계적 검정도 실시해야 한다.

2-2 이분형 예제자료(binary data)

[표 1-2] 동아리 활동이 취업에 미치는 영향 (이분형 예제자료)

study	tp	fp	fn	tn	or	lnor	orse	g
study1	16	49	12	53	1.442	0.366	0.430	1
study2	10	30	8	32	1.333	0.288	0.538	1
study3	19	61	14	66	1.468	0.384	0.394	1
study4	80	320	25	375	3.750	1.322	0.241	0
study5	11	29	8	32	1.517	0.417	0.531	0
study6	18	47	16	49	1.173	0.159	0.400	0

or, odds ratio; lnor, 로그변환한 odds ratio; orse, odds ratio 표준오차; g, group.

1) 데이터 코딩 및 불러오기

전체 연구 수는 6개이고 전체 표본수는 1,380개이다. g는 subgroup 분석을 위해 임의로 0과 1을 설정한 것이다.

메타분석을 실행하기 위해 meta 패키지를 로딩시킨다.

```
.library(meta)
```

그런 다음 작업폴더에 넣어둔 예제파일을 아래 명령어로 R 메모리에 불러온다. R에서는 쉼표로 구분된 수치파일(csv) 형태를 선호하니 파일을 미리 해당 포맷으로 저장하여 지정된 작업폴더에 넣어두어야 한다[표 1-2].

```
.data_bin <- read.csv("hwang_bin.csv", header=TRUE)
```

read.csv는 csv 파일을 불러오는 함수로 파일명 "hwang_bin.csv"를 불러와서 파일의 첫 번째 변수명을 그대로 쓴다는 뜻이다(header=TRUE). 이렇게 로딩된 csv 파일은 R 메모리에서는 data_bin이라는 이름의 객체(object)로 저장된다. 이를 확인해보려면 View 함수에 지정한 데이터를 넣어준다.

```
.View(data_bin)
```

2) 종합효과크기

meta 패키지는 하위에 여러 함수들을 포함하는데 그중 metabin 함수는 이분형 자료에서 원자료들이 모두 있을 때 종합효과크기를 계산한다.

```
.ma_bin <- metabin(tp,tp+fp,fn,fn+tn, sm="OR", method ="Inverse", study,
byvar=g, data=data_bin)
.print(ma_bin, digits=3)
```

이분형 자료에서는 tp, tp+fp, fn, fn+tn을 각각 차례대로 넣어준다. 효과크기를 OR 또는 RR로 표시하고 싶으면 sm="OR" 또는 "RR"로 설정한다. 개별 연구들의 가중치를 설정하는 방법이 다수 있는데 일반적인 inverse variance method를 사용하려면 method="Inverse"를 입력한다.

고정효과모형 또는 랜덤효과모형의 설정을 위해서는 comb.fixed=TRUE 또는 FALSE, comb.random=TRUE 또는 FALSE를 추가해서 입력한다. 만약 모형 설정을 하지 않는다면 metabin 함수에서는 두 모형의 결과를 모두 제시한다. study는 개별 연구들의 이름을 나타내며 data=data_bin은 R 메모리에 로딩된 data_bin이라는 데이터를 지정해주는 것이다. subgroup별 결과를 나타내려면 byvar=g를 입력하는데 g는 subgroup을 나타내는 변수명이다. metabin 함수를 사용해서 나온 결과들은 ma_bin에 지정되며 결과는 [그림 1-15]와 같다.

```
               OR          95%-CI  %W(fixed) %W(random) g
study1 1.442 [0.621; 3.352]      12.8       15.9 1
study2 1.333 [0.464; 3.828]       8.2       12.3 1
study3 1.468 [0.678; 3.181]      15.2       17.4 1
study4 3.750 [2.336; 6.019]      40.6       24.7 0
study5 1.517 [0.536; 4.293]       8.4       12.5 0
study6 1.173 [0.536; 2.567]      14.8       17.1 0

Number of studies combined: k = 6
    ①
                      OR          95%-CI    z  p-value
Fixed effect model  2.063 [1.526; 2.789] 4.71 < 0.0001
Random effects model 1.762 [1.103; 2.813] 2.37   0.0177

Quantifying heterogeneity: ④
tau^2 = 0.1729; H = 1.45 [1.00; 2.30]; I^2 = 52.6% [0.0%; 81.1%]

Test of heterogeneity:
     Q d.f.  p-value
 10.55    5   0.0610

Results for subgroups (fixed effect model): ②
       k   OR          95%-CI    Q  tau^2   I^2
g = 1  3 1.428 [0.865; 2.357] 0.02     0  0.0%
g = 0  3 2.542 [1.743; 3.707] 7.28 0.3739 72.5%

Test for subgroup differences (fixed effect model):
                  Q d.f.  p-value
Between groups 3.25    1   0.0716
Within groups  7.31    4   0.1206

Results for subgroups (random effects model): ③
       k   OR          95%-CI    Q  tau^2   I^2
g = 1  3 1.428 [0.865; 2.357] 0.02     0  0.0%
g = 0  3 2.012 [0.886; 4.567] 7.28 0.3739 72.5%

Test for subgroup differences (random effects model):
                   Q d.f.  p-value
Between groups  0.49    1   0.4844

Details on meta-analytical method:
- Inverse variance method
- DerSimonian-Laird estimator for tau^2
```

[그림 1-15] 이분형 예제자료 종합효과크기

ma_bin에서 나온 결과들을 [그림 1-15]에서 하나씩 살펴보자. ①은 전체 6개 연구의 종합효과크기를 나타낸다. 고정효과모형의 OR은 2.063(95%CI; 1.526, 2.789) p-value < 0.0001 이하로서 동아리 활동이 취업에 통계적으로 유의하게 영향을 미친다는 결과를 나타냈다. 랜덤효과모형의 OR은 1.762(95%CI; 1.103, 2.813) p-value=0.0177로서 동일한 결과를 나타낸다. ②와 ③은 subgroup에 해당하는 결과를 고정효과모형 또는 랜덤효과 모형으로 나타낸 것이다. 랜덤효과모형에서는 subgroup(0 vs 1)에 따른 차이가 의심된다. ④는 전체 연구의 이질성(heterogeneity)을 나타낸 것이다.

본 이분형 예제자료의 Higgins' I^2는 52.6%이며 Cochrane Q statistics p-value=0.061 로서 이질성이 있음을 알 수 있다. 그 외 그림 하단에 해당 결과가 어떤 계산방법으로 도 출되었는지 밝히고 있다. Inverse variance method는 메타분석의 기본적인 방법으로서 개별 연구들의 가중치를 계산할 때 해당 연구의 역분산을 활용한다. DerSimonian-Lair estimator는 랜덤효과모형에서 연구 간 변량을 계산할 때 tau값을 계산하는 방법이다. 세 부적인 계산방법은 meta 패키지를 참조하여 임의대로 자유롭게 설정할 수 있다.

forest plot을 작성함으로써 독자들의 이해도를 향상시킬 수 있다.

■ forest plot

```
.forest(ma_bin, comb.fixed=TRUE, comb.random=TRUE,digits=3,rightcols=c("e
ffect", "ci"))
```

forest 함수에 해당 설정된 메타분석 모델(ma_bin)을 입력한다. 상세 옵션 설명은 연속 형 예제자료와 동일하다.

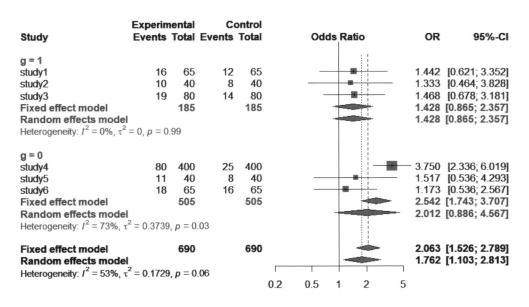

[그림 1-16] 이분형 예제자료 forest plot

[그림 1-16]은 종합효과크기와 동일한 정보를 제공한다. 더불어 개별 연구들의 효과크기를 그래픽으로 제시함으로써 연구 내 변동과 연구 간 변동을 쉽게 파악할 수 있도록 해준다. 전반적으로 연구 내 변량이 크게 나타나 정밀성이 떨어지는데 study4의 연구 내 변량이 가장 적게 나타났다. 그러나 study4는 연구 간 변량이 가장 높아 이질성이 있어 보인다.

3) 이질성

메타분석에서 얻어낸 종합효과크기를 제대로 해석하려면 연구들 간의 이질성 유무를 확인하고 만약 유의한 조절변수가 있다면 이를 검정하고 보고해야 한다. 이러한 이질성의 원인은 우연, 연구디자인의 차이, 연구환경, 그리고 표본집단의 인구사회학적 요인에 이르기까지 매우 다양하다.

(1) 시각적 확인: forest plot & subgroup analysis
이질성을 탐색하기 위해 연구 내 변동과 연구 간 변동을 시각적으로 쉽게 확인할 수 있다.

(2) 이질성 측정: Higgins' I^2 & Cochrane Q statistics

이질성의 정도를 수치화해서 나타내며 통계적 검정도 보여준다.

(3) 이질성 원인 파악: meta-regression

forest plot을 이용한 시각적 확인과 Cochrane Q statistics와 Higgins' I^2를 이용한 이질성 수치로부터 이질성이 의심된다면 그 원인을 통계적으로 검정하기 위하여 메타회귀분석을 실시한다.

```
.metareg(ma_bin, g, method.tau="REML", digits=3)
```

metareg 함수에 설정된 메타분석 모델을 넣어주고, 메타회귀분석에 가중치를 부여하는 방법에 따라 method.tau = "REML"(restricted maximum-likelihood estimator) 또는 "ML"(maximum-likelihood estimator) 또는 "DL"(DerSimonian-Laird estimator) 등을 선택한다. 가중치 계산방법에 따른 수치의 변화는 있지만 대부분의 통계적 방향성은 동일하기 때문에 너무 신경 쓰지 않아도 된다.

```
Model Results:

          estimate     se    zval    pval   ci.lb   ci.ub
intrcpt      0.761  0.306   2.486   0.013   0.161   1.360
g           -0.408  0.456  -0.895   0.371  -1.302   0.486
```

[그림 1-17] 이분형 예제자료 meta-regression

랜덤효과모형을 기준으로 subgroup 1의 종합효과크기는 1.428(95%CI; 0.865, 2.357), subgroup 0의 종합효과크기는 2.542(1.743, 3.707)로 해당 변수가 조절변수(moderator)로 의심되었다. 그러나 메타회귀분석 결과 p-value = 0.371로 통계적으로 유의한 차이를 나타내지는 않았다[그림 1-17].

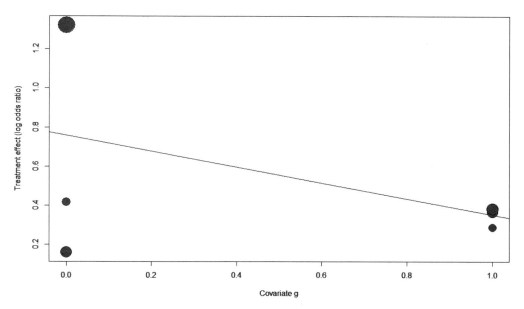

[그림 1-18] 이분형 예제자료 meta-regression bubble plot

```
.bubble(metareg(ma_bin, g, method.tau="REML"))
```

메타회귀분석을 [그림 1-18]과 같이 도식화해서 나타낼 수 있다. 그래프상의 직선은 회귀직선을 나타내며 그 기울기에 대한 통계적 검정이 앞서 실시한 p-value이다. 메타회귀분석을 위해서는 대상 연구가 최소 10개 이상은 있어야 유의미한 결과로 해석할 수 있다. 본 이분형 예제자료는 전체 연구의 수가 6개로 메타회귀분석에 적절하지 않고 통계적 유의차를 나타내지 못하였으나, 추후 연구 수가 추가된다면 해당 조절변수는 유의하게 영향을 미칠 것으로 판단된다.

4) 출판편향(publication bias) 확인

(1) 시각적 확인: funnel plot
출판편향을 탐색하기 위해 연구들 간의 비대칭성이 존재하는지 시각적으로 확인해야 한다.

```
.funnel(ma_bin, comb.fixed=TRUE, comb.random=FALSE)
```

funnel 함수에 설정된 메타분석 모델을 넣고 comb.fixed＝TRUE 또는 FALSE, comb.random＝TRUE 또는 FALSE를 추가해서 입력한다.

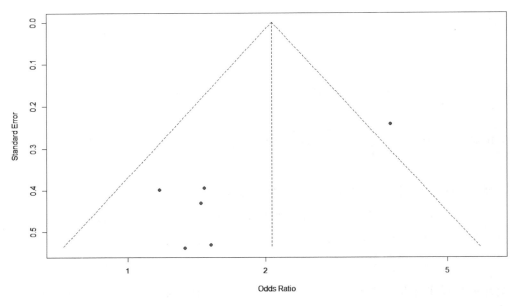

[그림 1-19] 이분형 예제자료 funnel plot

이분형 예제자료는 깔때기 안 좌측으로 5개, 깔때기 바깥 우측으로 1개의 연구가 분포한다. 시각적으로 출판편향이 있을 것으로 판단된다[그림 1-19].

(2) 출판편향 통계적 검정

상세 설명은 연속형 예제자료를 참고하기 바란다.

■ Egger's linear regression method test

```
.ma_bin <- metabin(tp, tp+fp, fn, fn+tn, sm="OR", method ="Inverse", study,
data=data_bin)
.metabias(ma_bin, method.bias="linreg", k.min=6)
```

앞선 종합효과크기 계산에서 subgroup 분석으로 나누었기에 metabias 함수가 실행되지 않을 가능성이 크다. 따라서 전체 연구를 대상으로 다시 한 번 종합효과크기를 계산한 다음 바로 이어서 metabias 함수를 사용한다. 또한 현재 연구가 10개 이하이기 때문에 연구 수가 너무 적어 Egger & Begg's test가 실행되지 않는다. 따라서 인위적으로 연구 수를 지정하고 실행시키기 위해 옵션에 k.min=6을 추가한다. metabias 함수에 설정된 메타분석 모델과 Egger's test를 실행하는 method.bias="linreg" 옵션을 추가한다.

```
             Linear regression test of funnel plot asymmetry

        data:  ma_bin
        t = -3.737, df = 4, p-value = 0.02017
        alternative hypothesis: asymmetry in funnel plot
        sample estimates:
              bias    se.bias     slope
        -4.057079  1.085648  2.188209
```

[그림 1-20] 이분형 예제자료 Egger's test

이분형 자료의 경우 bias 항목의 Coef.가 −4.057로 초기값(intercept)을 나타내며 해당 p-value=0.020으로 귀무가설을 기각하여 출판편향이 있음을 확인할 수 있다[그림 1-20].

■ Begg and Mazumdar's rank correlation test

```
.metabias(ma_bin, method.bias="rank", k.min=6)
```

metabias 함수에 설정된 메타분석 모델과 Begg's test를 실행하는 method.bias="rank" 옵션을 추가한다.

```
        Rank correlation test of funnel plot asymmetry

data:  ma_bin
z = 0.18787, p-value = 0.851
alternative hypothesis: asymmetry in funnel plot
sample estimates:
       ks     se.ks
1.000000  5.322906
```

[그림 1-21] 이분형 예제자료 Begg's test

Egger's test 결과와는 다르게 p-value=0.851로 출판편향이 있다는 귀무가설을 기각한다.

TIP 출판편향의 통계적 검정이 서로 상반될 때?

통계 결과가 상반될 경우 어떤 것을 받아들이는 것이 더 합리적일까?

첫째, 해당 방법이 가정에 충실했는지 확인해보자. 메타회귀분석을 위한 최소한의 대상 연구수는 10개인데 본 이분형 예제자료는 6개로 너무 적어서 가정 위반이다. 따라서 Egger's test와 Begg's test 모두 흠결이 있다.

둘째, 해당 방법들의 특성을 살펴보자. Egger's test는 간단히 말해서 모수검정에서의 회귀분석 방법이고, Begg's test는 비모수검정에서의 순위검정방법이다. 따라서 표본의 수가 적다면 비모수검정이 좀 더 합리적인 선택이라고 할 수 있다. 그러나 출판편향이 없다는 결론을 내리기에도 부담스럽다. funnel plot에서 비대칭성을 충분히 확인할 수 있었기 때문이다.

저자가 판단하건대 본 이분형 예제자료는 전체 표본의 수가 적기 때문에 Egger's test에서 출판편향을 보였지만 추후 추가적인 연구가 더 모인다면 Begg's test의 결과처럼 귀무가설을 기각하여 대칭성이 보일 것으로 사료된다. 만약 두 모형에 대한 결과에 확신이 서지 않는다면 두 결과를 모두 제시하여 독자들이 스스로 판단하게 하는 것도 연구의 완성도를 높일 수 있는 방법이다.

유병률 예제자료(proportion data)

[표 1-3] 항생제 내성률 (유병률 예제자료)[*]

study	event	n	p	q	se	lnp	logitp	g
Shim 2008	25	191	0.131	0.869	0.024	−2.033	−1.893	0
Kim 2004	20	191	0.105	0.895	0.022	−2.257	−2.146	0
Lee 2008	60	214	0.280	0.720	0.031	−1.272	−0.943	0
Park 2010	50	225	0.222	0.778	0.028	−1.504	−1.253	0
Bae 2010	112	1071	0.105	0.895	0.009	−2.258	−2.147	0
Jin 2003	5	38	0.132	0.868	0.055	−2.028	−1.887	1
Kwon 2003	6	67	0.090	0.910	0.035	−2.413	−2.319	1
Shim 2004	10	191	0.052	0.948	0.016	−2.950	−2.896	1
Huh 2003	1	67	0.015	0.985	0.015	−4.205	−4.190	2
Lee 2004	1	191	0.005	0.995	0.005	−5.252	−5.247	2
Lee 2010	57	1071	0.053	0.947	0.007	−2.933	−2.879	2

event, 발생건수; n, 표본수; p, prevalence; q, 1−prevalence; se, 표준오차; lnp, 로그변환한 prevalence; logitp, 로짓변환한 prevalence; g, group.

1) 데이터 코딩 및 불러오기

요로감염 환자에게서 특정 항생제(cephalosporin)의 내성률(resistance)을 메타분석한 임의의 자료를 예제로 사용하였다. 전체 연구 수는 11개였고 사건(event) 발생수는 347개, 전체 표본수는 3,517개로 이루어졌다. 부집단은 항생제의 세대를 나눈 것으로 0은 1세대, 1은 2세대, 2는 3세대로 구분하였다.

---

[*]   Shim, S. R., Shin, I. S. & Bae, J. M. (2016). Intervention Meta−Analysis Using Stata Software. *Journal of Health Informatics and Statistics,* 41(1), 123−134.

메타분석을 실행하기 위해 meta 패키지를 로딩시킨다.

```
.library(meta)
```

그런 다음 작업폴더에 넣어둔 예제파일을 아래 명령어로 R 메모리에 불러온다. R에서는 쉼표로 구분된 수치파일(csv)의 형태를 선호하니 파일을 미리 해당 포맷으로 저장하여 지정된 작업폴더에 넣어두어야 한다[표 1-3].

```
.data_prop <- read.csv("shim_prop.csv", header=TRUE)
```

read.csv는 csv 파일을 불러오는 함수로 파일명 "shim_prop.csv"를 불러와서 파일의 첫 번째 변수명을 그대로 쓴다는 뜻이다(header=TRUE). 이렇게 로딩된 csv 파일은 R 메모리에서는 data_prop이라는 이름의 객체(object)로 저장된다.

2) 종합효과크기

meta 패키지는 하위에 여러 함수들을 포함하는데 그중 metaprop 함수는 유병률 자료에서 원자료들이 모두 있을 때 종합효과크기를 계산한다.

```
.prop_raw_praw <- metaprop(event, n, sm="PRAW", method.ci="CP", studlab=study,
byvar=g, data=data_prop)
.print(prop_raw_praw, digits=3)
```

유병률 자료에서는 사건 발생빈도와 표본수를 각각 차례대로 넣어준다. 앞의 1절에서 유병률 자료의 효과크기를 계산할 때 우리는 이미 원자료의 p(유병률), lnp(로그변환한 유병률), logitp(로짓변환한 유병률) 세 가지를 준비하였다. 이것은 종합효과크기를 계산하는 방법이 여러 개가 있을 수 있다는 것을 나타낸다. 예를 들어 자료를 변환하지 않은 원자료를 그대로 사용하고자 한다면 sm="PRAW"를 입력하고, 로그변환한 결과값을 알고 싶다면 sm="PLN", 로짓변환한 결과값을 알고 싶다면 sm="PLOGIT"으로 설정한다.

통계모형의 가정에 충실하고 자료의 대칭성과 분포를 감안한다고 했을 때, 비율형 자료는 변환(로그변환 또는 로짓변환)하는 것이 보수적인 결과를 만들어내어 보다 바람직하다. 그러나 많은 연구자들이 선행 연구와 통계모형에서 운용 범위를 폭넓게 열어놓았기에 연구자는 자신의 연구결과에 적합한 방법을 찾아서 잘 활용하면 된다. 자료변환을 실시하더라도 metaprop 함수가 자동으로 역산해서 해석할 수 있는 종합효과크기를 표시한다.

보다 상세한 설명은 다음 장의 연속형, 이분형, 유병률 자료의 유형에 상관없이 메타분석의 종합효과크기를 계산하는 과정에서 다룰 것이다. 아울러 신뢰구간을 계산하는 방법도 여러 가지가 있는데, 이건 너무 복잡하지 않게 기본(default)으로 주어지는 Clopper–Pearson 방법을 사용하자(method.ci = "CP").

고정효과모형 또는 랜덤효과모형의 설정을 위해서는 comb.fixed = TRUE 또는 FALSE, comb.random = TRUE 또는 FALSE를 추가해서 입력한다. 만약 모형 설정을 하지 않는다면 metaprop 함수에서는 두 모형의 결과를 모두 제시한다.

study는 개별 연구들의 이름을 나타내며 subgroup별 결과를 나타내려면 byvar = g를 입력하는데 g는 subgroup을 나타내는 변수명이다. meta prop 함수를 사용해서 나온 결과들은 prop_raw_praw에 지정되며 결과는 [그림 1–22]와 같다.

ma_prop에서 나온 결과들을 [그림 1–22]에서 하나씩 살펴보자.

①은 전체 11개 연구의 종합효과크기를 나타낸다. 고정효과모형(fixed effect model)의 proportion은 0.046(95%CI; 0.039, 0.053), 랜덤효과모형(random effect model)의 proportion은 0.102(95%CI; 0.065, 0.140)를 나타내었다.

②와 ③은 subgroup에 해당하는 결과를 고정효과모형과 랜덤효과모형으로 나타낸 것이다. 랜덤효과모형에서는 subgroup(0 vs 1 vs 2)에 따라 확실히 항생제 내성률의 차이가 보인다. 랜덤효과모형을 기준으로 1세대의 경우 10.5%, 2세대는 7%, 3세대는 0%의 내성률을 보여주어 추후 세대별 메타회귀분석을 실시해서 이를 검정해야 한다.

④는 전체 연구의 이질성(heterogeneity)을 나타낸 것이다. 연속형 예제자료를 참고하여 본 유병률 예제자료의 Higgins' I^2는 95.6%이고 Cochrane Q statistics p–value < 0.0001 이하로 이질성이 존재한다는 것을 알 수 있다. 따라서 전체적인 모델은 랜덤효과모형을 우선해야 한다.

그 외 [그림 1–22] 하단에 해당 결과가 어떤 계산방법으로 도출되었는지 밝히고 있다. Inverse variance method는 메타분석의 기본적인 방법으로 개별 연구들의 가중치를 계산할 때 해당 연구의 역분산을 활용한다. DerSimonian–Lair estimator는 랜덤효

```
              proportion        95%-CI  %w(fixed) %w(random)  g
Shim 2008     0.131 [0.087; 0.187]       2.0        9.0 0
Kim 2004      0.105 [0.065; 0.157]       2.4        9.3 0
Lee 2008      0.280 [0.221; 0.346]       1.2        8.3 0
Park 2010     0.222 [0.170; 0.282]       1.5        8.7 0
Bae 2010      0.105 [0.087; 0.124]      13.5       10.3 0
Jin 2003      0.132 [0.044; 0.281]       0.4        5.7 1
Kwon 2003     0.090 [0.034; 0.185]       1.0        7.9 1
Shim 2004     0.052 [0.025; 0.094]       4.5        9.9 1
Huh 2003      0.015 [0.000; 0.080]       5.4       10.0 2
Lee 2004      0.005 [0.000; 0.029]      43.1       10.5 2
Lee 2010      0.053 [0.041; 0.068]      25.0       10.4 2

Number of studies combined: k = 11
                ①
                         proportion        95%-CI  z p-value
Fixed effect model       0.046 [0.039; 0.053] --      --
Random effects model     0.102 [0.065; 0.140] --      --

Quantifying heterogeneity:④
tau^2 = 0.0035; H = 4.77 [3.98; 5.71]; I^2 = 95.6% [93.7%; 96.9%]

Test of heterogeneity:
      Q  d.f.  p-value
 227.65   10 < 0.0001

Results for subgroups (fixed effect model):②
        k proportion        95%-CI    Q  tau^2   I^2
g = 0   5  0.127 [0.112; 0.141] 43.54 0.0042 90.8%
g = 1   3  0.064 [0.036; 0.091]  2.58 0.0003 22.4%
g = 2   3  0.022 [0.014; 0.030] 31.25 0.0009 93.6%

Test for subgroup differences (fixed effect model):
                  Q d.f.  p-value
Between groups 150.29   2 < 0.0001
Within groups   77.36   8 < 0.0001

Results for subgroups (random effects model):③
        k proportion        95%-CI    Q  tau^2   I^2
g = 0   5  0.165 [0.105; 0.225] 43.54 0.0042 90.8%
g = 1   3  0.070 [0.033; 0.108]  2.58 0.0003 22.4%
g = 2   3  0.025 [0.000; 0.060] 31.25 0.0009 93.6%

Test for subgroup differences (random effects model):
                  Q d.f. p-value
Between groups   15.63   2  0.0004

Details on meta-analytical method:
- Inverse variance method
- DerSimonian-Laird estimator for tau^2
- Untransformed proportions
- Clopper-Pearson confidence interval for individual studies
```

[그림 1-22] 유병률 예제자료 종합효과크기

과모형에서 연구 간 변량을 계산할 때 tau값을 계산하였다는 것이다. Untransformed proportion(자료 변환을 실시하지 않았고)과 Clopper–Pearson 방법을 사용하였다. 세부적인 계산방법은 meta 패키지를 참조하여 임의대로 자유롭게 설정할 수 있다.

forest plot을 작성하여 독자들의 이해도를 향상시킬 수 있다.

■ forest plot

```
.forest(prop_raw_praw,comb.fixed=TRUE,comb.random=TRUE,digits=3,rightco
ls=c("effect","ci"))
```

forest 함수에 해당 설정된 메타분석 모델(prop_raw_praw)을 입력한다. 그런 다음 다양한 옵션들을 넣어서 그림을 예쁘게 만들어준다. comb.fixed＝TRUE와 comb. random＝TRUE는 두 모형을 다 표시하라는 뜻이다. digits＝3은 소수점 셋째 자리까지 만 표시하라는 것이며, rightcols＝c("effect", "ci")는 forest plot 오른편에 원래 표시되 는 weight를 생략하고 효과크기와 신뢰구간만을 보여주라는 뜻이다.

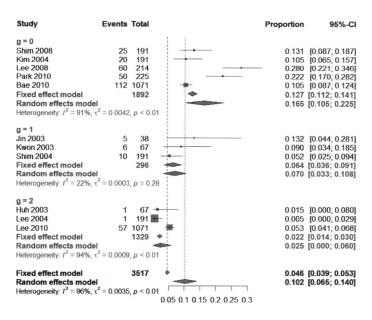

[그림 1-23] 유병률 예제자료 forest plot

[그림 1-23]은 앞의 종합효과크기와 동일한 정보를 제공한다. 더불어 개별 연구들의 효 과크기를 그래픽으로 제시함으로써 연구 내 변동과 연구 간 변동을 쉽게 파악할 수 있도 록 해준다. 예를 들어 연구 내 변량이 큰 것은 Jin 2003이며 연구 간 변량이 큰 것은 Lee 2008, Park 2010임을 알 수 있다. 또한 전반적으로 1세대일 경우 유병률이 오른쪽(높음)

으로 치우쳐 있으며 세대가 올라갈수록 왼쪽(낮음)으로 치우치는 방향성을 지님을 알 수 있다.

3) 이질성(heterogeneity)

메타분석에서 얻어낸 종합효과크기를 제대로 해석하려면 연구들 간의 이질성 유무를 확인하고 만약 유의한 조절변수(moderator)가 있다면 이를 검정하고 보고해야 한다. 이러한 이질성의 원인은 우연(chance), 연구디자인(study design)의 차이, 연구환경, 그리고 표본집단의 인구사회학적 요인에 이르기까지 매우 다양하다.

(1) 시각적 확인: forest plot & subgroup analysis
이질성을 탐색하기 위해 연구 내 변동과 연구 간 변동을 시각적으로 쉽게 확인 할 수 있다.

(2) 이질성 측정: Higgins' I^2 & Cochrane Q statistics
이질성의 정도를 수치화해서 나타내며 더불어 통계적 검정도 보여준다.

(3) 이질성 원인 파악: meta-regression
forest plot을 이용한 시각적 확인과 Cochrane Q statistics와 Higgins' I^2를 이용한 이질성 수치로부터 이질성이 의심된다면 그 원인을 통계적으로 검정하기 위하여 메타회귀분석을 실시한다.

```
.metareg(prop_raw_praw,g,method.tau="REML", digits=3)
```

metareg 함수에 설정된 메타분석 모델을 넣어주고, 메타회귀분석에 가중치를 부여하는 방법에 따라 method.tau = "REML"(restricted maximum-likelihood estimator) 또는 "ML"(maximum-likelihood estimator) 또는 "DL"(DerSimonian-Laird estimator) 등을 선택한다. 가중치 계산방법에 따른 수치의 변화는 있지만 대부분의 통계적 방향성은 동일하기 때문에 너무 신경 쓰지 않아도 된다 .

```
Model Results:

         estimate      se    zval    pval   ci.lb   ci.ub
intrcpt     0.161   0.024   6.818   <.001   0.115   0.207
g          -0.070   0.019  -3.622   <.001  -0.107  -0.032
```

[그림 1-24] 유병률 예제자료 meta-regression

랜덤효과모형을 기준으로 1세대의 경우 10.5%, 2세대는 7%, 3세대는 0%의 내성률을 보여주어 항생제 세대에 따른 메타회귀분석 결과 p-value < 0.001로 통계적으로 유의한 차이를 나타내어 항생제 세대가 조절변수로 작용한다는 것을 확인할 수 있었다[그림 1-24].

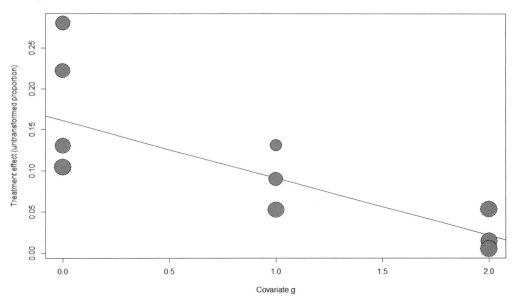

[그림 1-25] 유병률 예제자료 meta-regression bubble plot


```
. bubble(metareg(prop_raw_praw,g,method.tau="REML"))
```


메타회귀분석을 [그림 1-25]에서와 같이 도식화해서 나타낼 수 있다. 그래프상의 직선은 회귀직선을 나타내며 그 기울기에 대한 통계적 검정이 앞서 실시한 p-value이다.

(4) 이질성 원인파악: meta-ANOVA

조절변수가 연속형일 경우 앞서 실시한 메타회귀분석으로 확인 가능하지만 범주형 변수일 경우 메타ANOVA분석을 사용한다.

지금 유병률 예제자료의 조절변수(g)는 0, 1, 2로 구성되어 있으나 실질적으로 항생제의 세대 구분으로서 범주형 변수로 보는 것이 바람직하다. 따라서 메타ANOVA분석을 실시한다.

ANOVA분석의 기본 가정인 등분산성을 고려하여 메타분석에서 분산으로 쓰이는 tau^2를 동일하게 한 후 분석을 실시하여야 한다.

```
.prop_raw_praw <- metaprop(event, n, sm="PRAW", method.ci="CP",studlab=study,
tau.common=TRUE,byvar=g, data=data_prop)
.print(prop_raw_praw, digits=3)
```

앞서 실시한 메타분석 모델을 tau.common=TRUE를 추가하여 다시 한 번 실시한다. 고정효과모형 또는 랜덤효과모형의 test for subgroup differences 내 between groups의 p-value가 0.0001 이하로 통계적으로 유의하여 g는 조절변수로서 작용한다는 것을 확인할 수 있다.

4) 출판편향(publication bias) 확인

출판편향은 개별 연구들의 특성과 결과에 따라 연구가 출판되거나 출판되지 않을 오류이다. 일반적으로 통계적으로 유의한 연구 결과일 경우 출판될 가능성이 더욱 높기 때문에 이러한 오류가 발생한다. 따라서 출판편향을 고려하여 해당 메타연구의 결과가 과대 또는 과소 추정되지는 않았는지 확인해야 한다.

(1) 시각적 확인: funnel plot

출판편향을 탐색하기 위해 연구들 간의 비대칭성이 존재하는지 시각적으로 확인해야 한다.

```
.funnel(prop_raw_praw, comb.fixed=TRUE, comb.random=FALSE)
```

funnel 함수에 설정된 메타분석 모델을 넣고 comb.fixed=TRUE 또는 FALSE, comb.random=TRUE 또는 FALSE를 추가해서 입력한다.

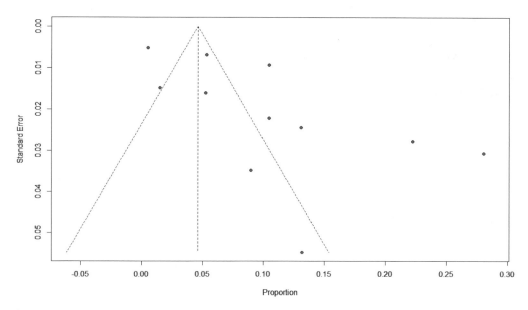

[그림 1-26] 유병률 예제자료 funnel plot

funnel plot의 Y축은 표본크기(표준오차)를, X축은 효과크기를 제시한다. 일반적으로 작은 규모의 연구들은 아래쪽에 넓게 분포되며 큰 규모의 연구들은 깔때기 안쪽 상단에 좁게 분포된다. 따라서 깔때기 안쪽 상단에 좌우대칭으로 골고루 분포되어 있다면 출판 편향은 적다고 판단할 수 있다.

유병률 예제자료는 깔때기 바깥 좌측으로 2개, 우측으로 5개의 연구가 분포한다. 깔때기 안 좌측에는 없고, 우측으로 4개의 연구가 분포한다. 시각적으로 출판편향이 있을 것이라 판단할 수 있다[그림 1-26].

(2) 출판편향 통계적 검정

상세한 설명은 연속형 예제자료를 참고하기 바란다.

■ Egger's linear regression method test

```
.prop_raw_praw <- metaprop(event, n, sm="PRAW", method.ci="CP",studlab=study,
data=data_prop)
.metabias(prop_raw_praw, method.bias="linreg")
```

앞선 종합효과크기 계산에서 subgroup 분석으로 나누었기에 metabias 함수가 실행되지 않을 가능성이 크다. 따라서 전체 연구를 대상으로 다시 한 번 종합효과크기를 계산한 다음 바로 이어서 metabias 함수를 사용한다. metabias 함수에 설정된 메타분석 모델과 Egger's test를 실행하는 method.bias="linreg" 옵션을 추가한다.

```
        Linear regression test of funnel plot asymmetry

data:  prop_raw_praw
t = 2.8505, df = 9, p-value = 0.01907
alternative hypothesis: asymmetry in funnel plot
sample estimates:
            bias      se.bias       slope
      5.245201123  1.840089267  -0.001663841
```

[그림 1-27] 유병률 예제자료 Egger's test

유병률 자료에서 bias 항목의 Coef.가 5.245로 초기값(intercept)을 나타내며 해당 p-value=0.019로 귀무가설을 기각하여 출판편향이 있음을 확인할 수 있다[그림 1-27].

■ Begg and Mazumdar's rank correlation test

```
.metabias(prop_raw_praw, method.bias="rank")
```

metabias 함수에 설정된 메타분석 모델과 Begg's test를 실행하는 method.bias="rank" 옵션을 추가한다.

```
            Rank correlation test of funnel plot asymmetry

data:  prop_raw_praw
z = 1.6348, p-value = 0.1021
alternative hypothesis: asymmetry in funnel plot
sample estimates:
       ks      se.ks
21.00000 12.84523
```

[그림 1-28] 유병률 예제자료 Begg's test

Begg's test에서는 *p*-value=0.102로 귀무가설을 기각하지 못하여 출판편향이 있음을 확인할 수 없었다. 통계적 검정이 충돌할 때는 앞서 살펴본 이분형 예제자료의 출판편향을 참고하기 바란다.

2-4 자료 유형에 상관없는 메타분석

지금까지 연속형, 이분형, 그리고 유병률의 원자료에서 종합효과크기와 이와 관련된 이질성을 평가하는 방법을 알아보았다. 그러나 사실 자료 유형에 따른 이러한 구분은 사용자의 편의를 위해서 명령어(함수)를 구분해놓은 것일 뿐이다. 개별 연구들의 효과크기와 표준오차를 이미 알고 있다면, 자료 유형에 상관없이 메타분석을 실시할 수 있다. 물론 각 유형별로 요약된 효과크기를 어떻게 계산하는지는 앞선 1절의 효과크기 계산에서 이미 실습하였다. 따라서 다시 강조하지만 메타분석을 실시하고자 하는 연구자들이라면 1절에서 다룬 효과크기 계산의 개념을 필히 파악해야 한다.

1) 데이터 코딩 및 불러오기

앞에서 실행했던 연속형(continuous data, 표 1-1), 이분형(binary data, 표 1-2), 그리고 유병률(proportion data, 표 1-3)의 원자료를 모두 불러들이면 효과크기와 표준오차가 변수로 입력된다. 1절의 효과크기 계산에 따라 연구자들이 직접 수식을 계산해보는 것도 도움이 될 것이다.

메타분석을 실행하기 위해 meta 패키지를 로딩시킨다.

```
.library(meta)
```

그런 다음 작업폴더에 넣어둔 예제파일을 아래 명령어로 R 메모리에 불러온다. R에서는 쉼표로 구분된 수치파일(csv)의 형태를 선호하니 파일을 미리 해당 포맷으로 저장하여 지정된 작업폴더에 넣어두어야 한다.

```
.data_con <- read.csv("shim_con.csv", header=TRUE)
.data_bin <- read.csv("hwang_bin.csv", header=TRUE)
.data_prop <- read.csv("shim_prop.csv", header=TRUE)
```

read.csv 함수로 연속형, 이분형, 그리고 유병률 자료를 각각 불러들여 R 메모리에서 data_con, data_bin, data_prop 이름의 객체(object)로 저장된다.

2) 종합효과크기

meta 패키지는 하위에 여러 함수들을 포함하는데 그중 metagen 함수는 효과크기와 표준오차로서 종합효과크기를 계산한다.

(1) 연속형 자료 효과크기와 표준오차 계산

```
.ma_con_es <- metagen(cohen_d, cohen_se, sm="Cohen(SMD)", study, byvar=g,
data=data_con)
.print(ma_con_es, digits=3)
.forest(ma_con_es, comb.fixed=TRUE, comb.random=TRUE, digits=3,
rightcols=c("effect", "ci"))
```

metagen 함수에 효과크기에 해당하는 cohen_d와 표준오차 cochen_se를 입력한다. 이후 옵션은 앞서 설명한 연속형 예제자료와 동일하다. 연속형 자료의 효과크기와 표준오차로 산출한 메타분석 모델이 ma_con_es에 설정된다.

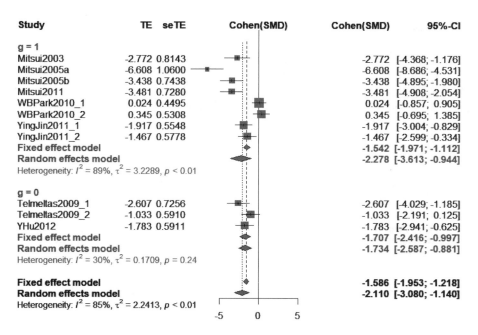

Study	TE	seTE	Cohen(SMD)	Cohen(SMD)	95%-CI
g = 1					
Mitsui2003	-2.772	0.8143		-2.772	[-4.368; -1.176]
Mitsui2005a	-6.608	1.0600		-6.608	[-8.686; -4.531]
Mitsui2005b	-3.438	0.7438		-3.438	[-4.895; -1.980]
Mitsui2011	-3.481	0.7280		-3.481	[-4.908; -2.054]
WBPark2010_1	0.024	0.4495		0.024	[-0.857; 0.905]
WBPark2010_2	0.345	0.5308		0.345	[-0.695; 1.385]
YingJin2011_1	-1.917	0.5548		-1.917	[-3.004; -0.829]
YingJin2011_2	-1.467	0.5778		-1.467	[-2.599; -0.334]
Fixed effect model				-1.542	[-1.971; -1.112]
Random effects model				-2.278	[-3.613; -0.944]
Heterogeneity: $I^2 = 89\%$, $\tau^2 = 3.2289$, $p < 0.01$					
g = 0					
Telmeltas2009_1	-2.607	0.7256		-2.607	[-4.029; -1.185]
Telmeltas2009_2	-1.033	0.5910		-1.033	[-2.191; 0.125]
YHu2012	-1.783	0.5911		-1.783	[-2.941; -0.625]
Fixed effect model				-1.707	[-2.416; -0.997]
Random effects model				-1.734	[-2.587; -0.881]
Heterogeneity: $I^2 = 30\%$, $\tau^2 = 0.1709$, $p = 0.24$					
Fixed effect model				**-1.586**	**[-1.953; -1.218]**
Random effects model				**-2.110**	**[-3.080; -1.140]**
Heterogeneity: $I^2 = 85\%$, $\tau^2 = 2.2413$, $p < 0.01$					

[그림 1-29] 연속형 예제자료 (효과크기로 산출 forest plot)

효과크기로 산출한 forest plot [그림 1-29]와 원자료로 산출한 [그림 1-9]를 비교해보자. 랜덤효과모형(random effect model) -2.110(95%CI; -3.080, -1.140)과 원자료로 계산한 효과크기 -1.973(95%CI; -2.897, -1.048)이 조금 더 보수적이고 신뢰구간의 폭이 좁아 정밀도가 더 높게 나타났다. 그러나 두 값의 수치 차이가 미미하고 전체적인 방향성과 통계적 유의차도 동일하다.

연속형 예제자료에서 수치가 약간 차이 나는 이유는 원자료에서는 SMD 중 Cohen의 d를 보정한 Hedges의 g를 사용했기 때문이다. 만약 원자료에서 옵션에 method.smd = "Cohen"을 입력한다면 [그림 1-29]의 결과와 동일한 값을 얻을 수 있다.

(2) 이분형 자료 효과크기와 표준오차 계산

```
.ma_bin_es <- metagen(lnor, orse, sm="OR", study, data=data_bin)
.print(ma_bin_es, digits=3)
.forest(ma_bin_es, comb.fixed=TRUE, comb.random=TRUE, digits=3,
rightcols=c("effect", "ci"))
```

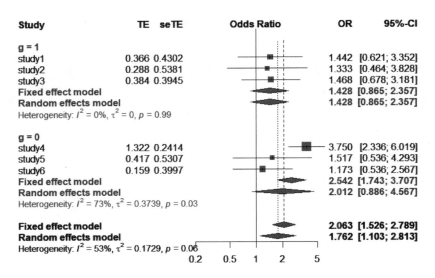

[그림 1-30] 이분형 예제자료 (효과크기로 산출 forest plot)

metagen 함수에 효과크기에 해당하는 lnor과 표준오차 orse를 입력한다. 이후 옵션은 앞선 이분형 예제자료 설명과 동일하다. 이분형 자료의 효과크기와 표준오차로 산출한 메타분석 모델이 ma_bin_es에 설정된다.

효과크기로서 산출한 forest plot [그림 1-30]과 원자료로서 산출한 [그림 1-16]은 동일하다. 종합효과크기를 산출하는 모든 방법과 모형이 동일하기 때문에 동일한 값을 얻을 수 있다.

(3) 유병률 자료 효과크기와 표준오차 계산

```
.prop_es <- metagen(p, se, sm="Proportion", backtransf=FALSE,studlab=study
,byvar=g, data=data_prop)
.print(prop_es, digits=3)
.forest(prop_es, comb.fixed=TRUE,comb.random=TRUE,digits=3,rightcols=
c("effect", "ci"))
```

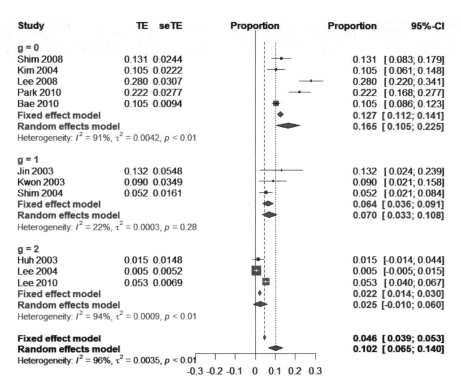

[그림 1-31] 유병률 예제자료 (효과크기로 산출한 forest plot)

metagen 함수에 효과크기에 해당하는 p와 표준오차 se를 입력한다. 이후 옵션은 앞서 설명한 유병률 예제자료와 동일하다. 유병률 자료의 효과크기와 표준오차로 산출한 메타분석 모델이 prop_es에 설정된다.

효과크기로 산출한 forest plot [그림 1-31]과 원자료로 산출한 [그림 1-23]은 동일하다. 종합효과크기를 산출하는 모든 방법과 모형이 동일하기 때문에 동일한 값을 얻을 수 있다.

R의 "meta" 패키지를 이용한 중재 메타분석(intervention meta-analysis)에서 자료의 유형에 상관없이 원자료를 요약한 개별 연구들의 효과크기를 이용한 메타분석과 각 유형별 원자료로 산출한 값을 비교해보았다. 그리고 결국 둘은 동일한 결과를 제시한다는 것을 알 수 있었다. 따라서 메타분석을 실행하고자 하는 연구자는 반드시 이 장의 처음에 나오는 효과크기 계산에 대한 개념을 확실히 정립해야 한다. 종합효과크기 산출 이후의 이질성 확인과 출판편향 확인은 원자료로 실행하는 방법을 그대로 따라하면 된다.

```
#예제자료는 shim_con, hwang_bin.csv, shim_prop.csv 이다.
#작업폴더 설정(C드라이브 이하 본인의 원하는 폴더를 만들어서 지정)
setwd("C:/r_temp/intervention_MA")


#"meta" 패키지 불러오기
library(meta)
```

▶ 연속형 예제자료(continuous data)

```
#데이터 코딩 및 불러오기
data_con <- read.csv("shim_con.csv", header=TRUE)

##종합효과크기 계산##

#원자료로 계산
#SMD를 쓰려면 method.smd="Hedges"(default,보정된 Hedges가 권고됨) or "Cohen", MD를
쓰려면 smd="MD" 로 표시.
ma_con <- metacont(n1, m1, s1, n2, m2, s2, sm="SMD", method.smd="Hedges",
study,byvar=g ,data=data_con)
print(ma_con, digits=3)

#forest plot
forest(ma_con, comb.fixed=TRUE, comb.random=TRUE,digits=3,rightcols=c("effe
ct", "ci"))
#meta-regression
metareg(ma_con,g,method.tau="REML", digits=3)
bubble(metareg(ma_con,g,method.tau="REML"))
```

```
##publication bias##

#funnel plot
funnel(ma_con, comb.fixed=TRUE, comb.random=FALSE)

#출판편향 통계적 검정
#metabias method.bias="linreg"(egger test) / method.bias="rank"(begg test)
ma_con <- metacont(n1,m1,s1,n2,m2,s2,sm="SMD",method.
smd="Hedges",study,data=data_con)
metabias(ma_con, method.bias="linreg")
metabias(ma_con, method.bias="rank")
```

▶ 이분형 예제자료(binary data)

```
#데이터 코딩 및 불러오기
data_bin <- read.csv("hwang_bin.csv", header=TRUE)

##종합효과크기 계산##

#원자료로 계산
ma_bin <- metabin(tp,tp+fp,fn,fn+tn, sm="OR", method ="Inverse", study,byvar=g,
data=data_bin)
print(ma_bin, digits=3)

#forest plot
forest(ma_bin, comb.fixed=TRUE, comb.random=TRUE,digits=3,rightcols=c("effe
ct", "ci"))

#meta-regression
metareg(ma_bin,g,method.tau="REML", digits=3)
bubble(metareg(ma_bin,g,method.tau="REML"))
```

```
##publication bias##

#funnel plot
funnel(ma_bin, comb.fixed=TRUE, comb.random=FALSE)
#출판편향 통계적 검정
#metabias method.bias="linreg"(egger test) / method.bias="rank"(begg test)
ma_bin <- metabin(tp,tp+fp,fn,fn+tn, sm="OR", method ="Inverse", study,
data=data_bin)
metabias(ma_bin, method.bias="linreg", k.min=6)
metabias(ma_bin, method.bias="rank", k.min=6)
```

▶ 유병률 예제자료(proportion data)

```
#데이터 코딩 및 불러오기.
data_prop <- read.csv("shim_prop.csv", header=TRUE)


##종합효과크기 계산##

#원자료로 계산
##sm=sm="PLOGIT"(logit 변환, default), "PLN"(log변환), "PRAW"(변환 없음)
##method.ci="CP"(Clopper-Pearson interval also called 'exact' binomial
interval, default)
prop_raw_praw <- metaprop(event, n, sm="PRAW", method.ci="CP",studlab=study,
byvar=g,data=data_prop) #untransformed
print(prop_raw_praw, digits=3)
prop_raw_ln <- metaprop(event, n, sm="PLN", method.ci="CP",studlab=study,
byvar=g, data=data_prop) #ln transformed
print(prop_raw_ln, digits=3)
prop_raw_logit <- metaprop(event, n, sm="PLOGIT", method.
ci="CP",studlab=study, byvar=g, data=data_prop) #logit transformed
print(prop_raw_logit, digits=3)
```

```
#forest plot
forest(prop_raw_praw, comb.fixed=TRUE, comb.random=TRUE,digits=3,
rightcols=c("effect", "ci"))

#meta-regression
metareg(prop_raw_praw,g,method.tau="REML", digits=3)
bubble(metareg(prop_raw_praw,g,method.tau="REML"))

##publication bias##

#funnel plot
funnel(prop_raw_praw, comb.fixed=TRUE, comb.random=FALSE)

#출판편향 통계적 검정
#metabias method.bias="linreg"(egger test) / method.bias="rank"(begg test)
prop_raw_praw <- metaprop(event, n, sm="PRAW", method.ci="CP",studlab=study,
data=data_prop)
metabias(prop_raw_praw, method.bias="linreg")
metabias(prop_raw_praw, method.bias="rank")
```

▶ 자료 유형 상관없이 메타분석

```
##연속형 자료의 효과크기와 표준오차로 계산##
ma_con_es <- metagen(cohen_d, cohen_se, sm="Cohen(SMD)",study,byvar=g,
data=data_con)
print(ma_con_es, digits=3)
forest(ma_con_es, comb.fixed=TRUE, comb.random=TRUE,digits=3,rightcols=c("e
ffect", "ci"))

##이분형 자료의 효과크기와 표준오차로 계산##
ma_bin_es <- metagen(lnor, orse, sm="OR", study,byvar=g, data=data_bin)
print(ma_bin_es, digits=3)
```

```
forest(ma_bin_es, comb.fixed=TRUE, comb.random=TRUE,digits=3,rightcols=c("e
ffect", "ci"))
```

##유병률 자료의 효과크기와 표준오차로 계산##
```
prop_es <- metagen(p, se, sm="Proportion", backtransf=FALSE,studlab=study,by
var=g, data=data_prop) #untransformed
print(prop_es, digits=3)
forest(prop_es, comb.fixed=TRUE, comb.random=TRUE,digits=3,
rightcols=c("effect", "ci"))
prop_es_ln <- metagen(lnp, se, sm="Proportion", backtransf=TRUE,
studlab=study, byvar=g, data=data_prop) #ln transformed
print(prop_es_ln, digits=3)
prop_es_logit <- metagen(logitp, se, sm="Proportion", backtransf=TRUE,
studlab=study, byvar=g, data=data_prop) #logit transformed
print(prop_es_logit, digits=3)
```

2장

R 네트워크 메타분석

네트워크 메타분석의 이해

R의 "gemtc" 패키지를 이용한 베이지안 네트워크 메타분석

R의 "netmeta" 패키지를 이용한 빈도주의 네트워크 메타분석

베이지안 vs 빈도주의, R vs Stata에 따른 네트워크 메타분석
결과 비교

부록: R 네트워크 메타분석 코드

네트워크 메타분석을 위한 패키지

R에서 네트워크 메타분석을 실시하는 패키지는 베이지안(Bayesian) 네트워크 메타분석을 위한 "gemtc"와 빈도주의(frequentist) 네트워크 메타분석을 위한 "netmeta"가 있다. 본격적인 분석에 앞서서 해당 패키지를 아래 명령어를 사용하여 설치한다.

```
.install.packages("netmeta")
.install.packages("gemtc")
```

베이지안 네트워크 메타분석을 실행할 때 Markov Chain Monte Carlo(MCMC) 시뮬레이션을 이용한다. 이때 필요한 프로그램이 JAGS(Just Another Gibbs Sampler, MCMC의 대표적인 방법이 Gibbs Sampler이다)인데, 최신 버전 4.0 이상을 구글에서 내려받아 설치한다(https://sourceforge.net/projects/mcmc-jags/files/JAGS/4.x/Windows/). 또한 설치된 JAGS를 R에서 이용할 수 있게 "rjags" 패키지를 설치한다.

```
.install.packages("rjags")
```

"gemtc"와 "netmeta"에 대한 보다 자세한 설명(상세 코드, 자료, 참고문헌 등)은 각 패키지별로 아래 사이트를 참고하기 바란다.

– https://github.com/gertvv/gemtc

– https://github.com/guido-s/netmeta http://meta-analysis-with-r.org

– http://meta-analysis-with-r.org/.

1 | 네트워크 메타분석의 이해

네트워크 메타분석(network meta-analysis, NMA)은 다중비교(multiple treatment meta-analysis) 또는 혼합비교(mixed treatment comparison)라고도 불리며 다수의 치료(intervention 또는 treatment)를 가진 여러 연구들의 효과크기를 종합하는 것이다(White, 2015).

기존의 일반적인 메타분석(pairwise meta-analysis)에서는 동일한 치료를 실시한 연구들을 모아 치료군과 비교군으로 두 군의 짝을 만든 후 효과크기를 직접 계산하였다(direct treatment comparison). 그러나 네트워크 메타분석에서는 치료그룹별 직접비교 연구가 없거나 치료가 서로 다르더라도 간접비교(indirect treatment comparison) 방법을 이용해 치료그룹 간의 효과크기를 계산할 수 있다.

1-1 네트워크 메타분석의 통계적 접근

네트워크 메타분석을 실행하는 방법은 베이지안(Bayesian) 방법과 빈도주의(frequentist) 방법으로 나뉜다. 두 통계법의 차이는 통계모형에 접근하는 근본적인 개념의 차이에서 기인하며 표본수가 많을 경우 동일한 결과를 도출한다.

베이지안 방법은 사전에 알려진 정보(prior probability 또는 external information)를 바탕으로 현재의 자료에서 주어진 정보를(present data, likelihood) 더해 연구가설이 참(true)일 사후확률(posterior probability)을 산출하는 것이다. 따라서 베이지안 방법은 사전정보에 따라 연구가설이 참일 확률이 변할 수 있는 확률적인 접근이라고 할 수 있다.

반면에 빈도주의 방법은 일반적인 통계이론에 근거해 현재의 주어진 자료가 무한히 반복되었을 때 연구가설이 기각되거나 받아들여질 유의확률(일반적으로 type 1 error, p-value 0.05) 또는 신뢰구간을 검정함으로써 산출하는 것이다. 따라서 빈도주의 방법은 외적 정보와는 무관하며 주어진 자료 내에서 연구가설이 참일 확률은 이미 특정되어 있다. 단지 이것이 받아들여질지 기각될지를 유의수준으로 판단한다.

[표 2-1] 베이지안 방법과 빈도주의적 방법에 따른 비교

	베이지안 방법	빈도주의 방법
기본 개념	베이지안 이론(Bayesian theorem)	자료의 분포(data distribution)
사용되는 정보	사전확률(prior probability) & 연구자료(present data, likelihood)	연구자료(present data, likelihood only)
불확실성 측정	신용구간(credible interval, CrI)	신뢰구간(confidence interval, CI)
연구가설 검정	연구가설이 참(true)일 확률, 즉 사후확률(posterior probability)을 직접 계산함.	귀무가설을 기각함으로써 연구가설을 증명함, 흔히 p-value를 사용함.

1) 베이지안 통계학

빈도주의적 방법에서는 모집단의 특성을 나타내는 모수(parameter)를 고정된 상수로 보고 주어진 자료의 우도(likelihood)를 이용해 이를 추론한다. 그러나 베이지안 방법에서 모수는 불확실성을 지니기 때문에 모수에 확률 개념을 적용해 불확실성의 정도를 확률모형으로 표현한다.

따라서 베이지안의 여러 장점 중 가장 두드러지는 특징은 다음과 같다. 첫째, 사전정보를 활용할 수 있다. 예를 들면 관심 모수의 사전정보가 선행연구 또는 해당 질환의 경험적 지식 등으로 존재할 경우, 이를 현재의 자료에 넣어서 보다 업데이트된 사후정보를 추론할 수 있다. 이러한 방법은 주어진 자료가 무한히 반복된다는 빈도주의적 가정에 비해 훨씬 논리적이며 설득력이 있다.

둘째, 모수를 확률변수로 보기 때문에 대표본 가정에서 자유롭다. 예를 들면 빈도주의 메타분석에서 통합된 효과크기는(overall effect size) 정규분포를 따른다고 가정한다. 즉, 정규분포의 정규성 가정은 대표본일 경우에는 만족스러우나 대부분의 메타분석 연구들은 연구 수가 적어 통합된 효과크기에 편향이 생길 수 있다. 그러나 베이지안 방법에서는 주어진 자료의 우도에 더해지는 사전정보를 종합하여 사후정보를 계산한다. 그렇기 때문에 모수는 계속해서 변할 수 있는 확률개념이 되고 대표본의 영향에서 자유롭다.

(1) 베이지안 추론에서의 사전분포와 사후분포

관심모수를 θ라고 할 때 사전정보는 사전분포 $P(\theta)$를 따르며, 현재의 연구에서 자료(x)가

주어졌을 때 우도는 P(**x**|θ)라고 할 수 있다.

따라서 업데이트되는 관심모수 **θ**의 사후분포함수는 사전분포와 우도함수를 곱하여 P(θ|**x**)가 된다.

$$P(\theta \mid x) = \frac{P(x \mid \theta) * P(\theta)}{P(x)} \quad ——— ①$$

$$P(\theta \mid x) \propto P(x \mid \theta) * P(\theta) \quad ——— ②$$

조건부 확률 공식 ①에서 P(**x**)는 고정된 상수이기 때문에 일반적으로 생략하여 공식 ②로 표현한다. ∝는 비례한다는 의미이며, 주어진 표본의 수가 많다면 사전정보[P(θ)]의 영향력이 약해져서 빈도주의적 방법과 유사한 결과를 나타낸다. 그러나 반대로 표본의 수가 적고 사전정보[P(θ)]의 양이 크다면 사후분포는 상이한 결과를 나타낼 것이다. 따라서 베이지안 방법에서는 사전분포에 따른 민감도 분석을 보여주는 것이 일반적이다.

사전분포는 크게 주관적(subjective) 사전분포와 객관적(objective) 사전분포로 나뉜다. 주관적 사전분포는 선행연구 결과나 해당 질환의 경험지식 등이 있을 경우 이를 반영해 정할 수 있다. 객관적 사전분포는 반대로 무정보적인 사전분포로서 이를 객관적으로 계량화해서 사전분포로 넣어주어야 한다. 이때 사후분포와 동일한 분포를 지니는 사전분포를 공액 사전분포(conjugate prior)라고 하며 모수가 평균인 경우 정규분포, 비율인 경우 베타분포, 분산인 경우 역감마분포 등을 사용해 사후분포를 추론한다. 비공액 사전분포의 경우 일반적으로 통계모형에서 활용하는 분포가 아니기 때문에 도출되는 사후분포의 확률을 적분해내기가 쉽지 않다(김달호 외, 2014).

2) 마르코프 연쇄 몬테카를로(Markov chain Monte carlo, MCMC) 시뮬레이션

일반적으로 통계학에서 많이 쓰이는 분포들을 사용하면 적분 공식을 활용하여 분포곡선 아래의 면적을 간단히 구할 수 있다. 그러나 베이지안 방법에서는 사후분포가 일반적으로 사용되는 분포를 따르지 않으면 계산하기가 힘들다. 이런 경우 MCMC 시뮬레이션을 활용해 역으로 계산해낼 수 있는데, 여기에서는 베이지안 추론을 위한 도구로서 MCMC에 대한 전반적인 개념을 알아보도록 하자.

(1) 마르코프 연쇄(Markov chain)

마르코프 연쇄에서는 확률변수(random variable)가 어떤 상태(state)에 도달할 확률이 오직 바로 이전 시점의 상태에 달려 있다.

$$다음상태(next\ state) = 현재상태(current\ state) * 전이확률(transition\ probability)$$

따라서 다음상태는 현재상태의 우도비와 사전정보인 전이확률에 따라서 결정된다. 초기 시뮬레이션에서는 다음상태의 값이 현재상태에 비해 차이가 나지만 이러한 계산을 계속해나가면 어느 횟수에서는 거의 차이가 없으며 상태가 일정해지는 안정화된 분포(stable distribution)에 도달한다. 다시 정리하면, 마르코프 연쇄는 일종의 알고리즘으로 현재상태와 전이확률로 다음상태의 확률을 계산해내며 일정 횟수가 반복되면 더 이상 확률의 변화가 없다는 것을 알 수 있다.

(2) 몬테카를로(Monte carlo) 시뮬레이션

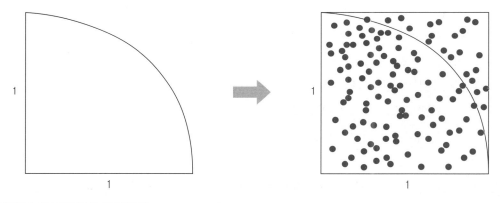

[그림 2-1] 몬테카를로 시뮬레이션

[그림 2-1]에서 반지름이 1인 원의 1/4 크기 도형의 넓이를 구한다고 가정하자. 이 도형의 넓이는 1/4 * πr² = 1/4*3.142*1^2으로 0.7855라는 것을 쉽게 계산해낼 수 있다.

몬테카를로 시뮬레이션으로 같은 값을 구해보자. 우선 1/4 크기의 원을 둘러싸는 정사각형을 만든 다음 사각형 안에 무작위로 많은 점을 찍는다. 그런 다음 원의 중심에서 거리가 1 이내에 찍힌 점의 개수와 전체 점의 개수를 비교하면 원하는 넓이를 구할 수 있다.

예를 들어 전체 100개의 점을 찍는 시뮬레이션을 실시했다고 하면 원의 중심에서 1 이내에 찍힌 점의 개수는 약 78.55개에 달할 것이다. 당연히 시뮬레이션의 횟수가 늘어날수록 실측치와의 오차는 줄어든다.

3) 베이지안의 계층적 모형

연구 내 변량만 고려하는 고정효과모형(fixed effect model)은 사전분포에 표준정규분포의 평균(μ)과 분산(η^2)을 넣어준다.

$$T_i \sim N(\theta, v_i), i = 1, \cdots, k$$
$$\theta \sim N(\mu_0, \eta_0{}^2)$$

T_i는 i번째 연구의 실제 관찰효과이며, v_i는 i번째 연구의 분산이다. θ는 치료효과의 참값으로 고정효과모형에서 추정하고자 하는 하나의 공통된 효과크기이다.

연구 내 변량과 연구 간 변량을 동시에 고려하는 랜덤효과모형(random effect model)은 사전분포에 모집단의 전체 평균치료효과 평균(μ)과 연구 간 분산(τ^2)을 넣어준다. μ는 다시 평균 μ_0, 분산 $\eta_0{}^2$로 하는 정규분포인 초사전분포(hyperprior distribution)를 따르며, τ^2 역시 평균 p, 분산 q로 하는 역감마분포인 초사전분포를 따른다. 이처럼 사전분포 μ와 τ^2가 가지는 모수 μ_0, $\eta_0{}^2$, p, q는 초모수(hyperparameter)이다.

$$T_i \sim N(\theta, v_i), i = 1, \cdots, k$$
$$\theta_i \sim N(\mu, \tau^2)$$
$$\mu \sim N(\mu_0, \eta_0{}^2), \tau^2 \sim IG(p, q)$$

따라서 랜덤효과모형에서는 θ_i에서 θ_k까지 초사전분포에 의해 각 연구의 치료효과가 연결되므로 더 이상 독립이 아닌 계층적 모형이 된다(장은진 외, 2013).

아래 그림을 보면서 베이지안 방법을 간략히 정리해보자.

첫째, 사전분포(사전확률)를 선정하고, 공액 사전분포라면 일반적으로 정규분포, 베타분포, 역감마분포를 주로 활용한다.

둘째, 현재 자료에서 우도를 계산한 후 베이지안 계층모형을 만든다. 네트워크 메타분석에서 우도는 주로 치료효과 θ로 표현한다.

셋째, 사전분포와 우도를 MCMC 시뮬레이션에 넣어서 사후분포를 가장 잘 수렴하는 분포를 설정한다. 이때 MCMC 시뮬레이션을 통해 안정화된 분포(stable distribution)가 될 확률을 알아낼 수 있고 더불어 해당 사후분포 함수 아래의 면적을 구할 수 있다.

마지막으로, 구해진 사후분포로서 치료효과에 대한 통계적 추론을 실시한다. 따라서 베이지안 네트워크 메타분석에서는 사후분포가 통계에서 일반적으로 사용되는 표준분포가 아니더라도 이를 분석할 수 있다.

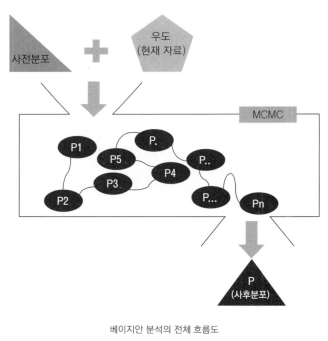

베이지안 분석의 전체 흐름도

1-2 네트워크 메타분석의 기본 원리[*]

1) 간접비교

일반적인 메타분석(pairwise meta-analysis)에서는 두 치료그룹 간의 직접비교(direct comparison)에 따른 효과크기를(effect size) 여러 연구에서 종합하여 계산하였다. 그러나 둘 이상의 치료그룹에서 특정 치료 간의 직접비교가 없을 경우 간접비교를 사용하여 효과크기를 계산할 수 있다. 이 중에서 공통 비교인자(common comparator)를 통한 간접비교를 보정된 간접비교(adjusted indirect treatment comparison, AITC)라고 하며 이는 네트워크 메타분석을 가능하게 해주는 기본 원리다.

　예를 들어 [그림 2-2]의 경우 치료(treatment)는 3개(A, B, C)이고 2개의 연구($\overline{AB}$, $\overline{AC}$)가 있을 때 각각의 효과크기는 d_{AB}^{di}와 d_{AC}^{di}이다. 이때 A를 공통 비교인자로 설정하고 2개의 직접비교 효과크기를 활용하여 $\overline{BC}$의 간접비교를 계산한 효과크기와 분산은 다음과 같다(Bucher et al., 1997).

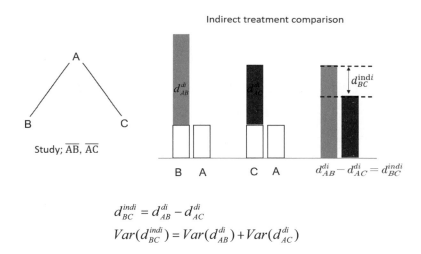

$$d_{BC}^{indi} = d_{AB}^{di} - d_{AC}^{di}$$
$$Var(d_{BC}^{indi}) = Var(d_{AB}^{di}) + Var(d_{AC}^{di})$$

[그림 2-2] d_{AB}^{di}는 $\overline{AB}$ 연구의 직접비교 효과크기; d_{BC}^{indi}는 $\overline{BC}$ 연구의 간접비교 효과크기

---

[*] 　네트워크 메타분석의 기본 원리는 '황성동, 심성률 (2018). 《메타분석-forest plot에서 네트워크 메타분석까지》. 한나래출판사'를 인용하여 설명한다.

2) 혼합비교

[그림 2-3]과 [그림 2-4]의 경우는 3개 치료그룹 간의 직접비교 연구가 있어서 닫힌 loop를 형성하고 있다. 따라서 직접비교와 간접비교(AITC)를 종합한 혼합비교(mixed treatment comparison, MTC)를 계산할 수 있다. 혼합비교는 Lumley(Lumley, 2002)가 2-arm trials에서 활용 가능한 방법을 제시하였고 이를 바탕으로 Higgins(Higgins et al., 2012)와 White(White et al., 2012) 등이 multi-arm trials로 발전시켰다. 혼합비교는 직접 비교만을 활용한 연구보다 신뢰구간(confidential interval)을 더 좁게 만들어 연구의 정밀 성(precision)을 향상시킬 수 있다.

예를 들어 [그림 2-3]의 경우 3개의 연구($\overline{AB}$, $\overline{AC}$, $\overline{BC}$)가 있으며 각각의 효과크기 는 d_{AB}^{di}, d_{AC}^{di}, d_{BC}^{di}이다. 관심 효과크기가 $\overline{BC}$라면 우선 직접비교를 통한 d_{BC}^{di}와 간접비교 (AITC)를 통한 d_{BC}^{indi}를 종합하여 혼합비교를 계산할 수 있다.

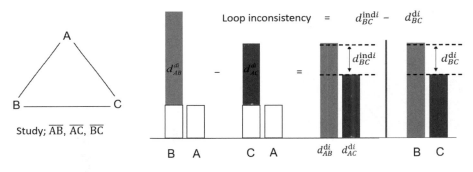

[그림 2-3] loop inconsistency

1-3 네트워크 메타분석의 가정(assumption)*

1) 유사성(similarity)

수집된 대상 연구들의 임상적, 방법론적 유사성을 뜻한다. 일반적으로 메타분석에서는 PICO(population, intervention, comparison, outcome)를 설정하여 대상연구의 전체적인 흐름을 파악하는데, 수집된 연구들은 연구주제와 부합하며 전반적으로 임상적·방법론적으로 유사해야 한다. 그러나 임상적 유사성은 연구의 전반적인 유사함이지 통계적으로 검정할 수 있는 것은 아니다(Reken et al., 2016).

2) 이행성(transitivity)

이행성은 임상적·방법론적 유사성이 치료그룹과 연구들 간에 있어서 논리적으로 확장된 개념이라고 할 수 있다. 예를 들어 만약 3가지 치료(A, B, C)를 비교한 연구의 효과크기가 A > B & B > C라면 A > C가 논리적으로 타당한 것이다.

첫 번째 가정인 유사성과 두 번째 이행성은 개념적으로 비슷하지만 상호 동일한 것은 아니다. 예를 들어 [그림 2-3]에서 3개의 연구가 당뇨 환자 중에서 $\overline{AB}$는 severe 군을, $\overline{AC}$는 moderate 군을, 그리고 $\overline{BC}$는 mild 군을 대상으로 실시되었다고 가정해보자. 모든 연구 군이 당뇨 환자라는 특정 인구집단이기에 임상적 유사성은 만족할지라도 논리적 이행성은 성립되지 않는다. 왜냐하면 이미 개별 연구 인구집단별로 효과크기의 차별이 존재하기 때문이다(Baker & Kramer, 2002). 따라서 이러한 이행성 가정은 네트워크 메타분석 전체에 걸쳐서 지켜져야 한다.

---

* 네트워크 메타분석의 가정은 '황성동, 심성률 (2018).《메타분석−forest plot에서 네트워크 메타분석까지》. 한나래출판사'를 인용하여 설명한다.

3) 일관성

일관성은 혼합비교(MTC)를 종합할 때에 지켜져야 하는 것으로 직접비교와 간접비교의
효과크기가 통계적으로 유의한 차이를 보이지 않는다는 개념이다. 예를 들어 [그림 2-3]
에서 관심 효과크기가 $\overline{BC}$라면 우선 직접비교를 통한 효과크기 d_{BC}^{di}와 간접비교를 통한
효과크기 d_{BC}^{indi}가 통계적으로 유의한 차이를 보이지 않아야 일관성 가정이 충족된다고 볼
수 있다. 또한 일관성 검정은 두 번째 가정인 논리적 이행성(transitivity)을 검정하는 통계
적인 방법이라고도 할 수 있다.

이와 더불어 Higgins는 직접비교와 간접비교에 따른 일관성 개념에 더하여 multi-
arm 연구들을 네트워크 메타분석으로 연결할 때 비일관성(inconsistency, 즉 일관성을 보
이지 않는 여러 경우) 모형에 대한 개념을 폭넓게 정립하였다(Higgins et al., 2012).

첫째, 앞서 설명한 것으로 혼합비교를 계산할 때 직접비교와 간접비교의 차이, 즉 [그림
2-3]에서 효과크기 d_{BC}^{di}와 d_{BC}^{indi}의 차이를 loop inconsistency라고 한다.

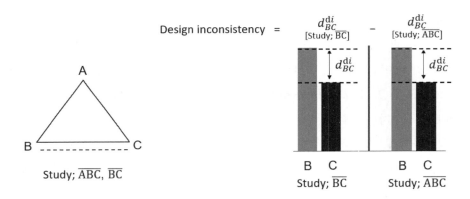

[그림 2-4] design inconsistency

둘째, 동일하게 관심 효과크기가 $\overline{BC}$라면 연구디자인에($\overline{BC}$, $\overline{ABC}$) 따른 차이, 즉 [그림
2-4]에서 $\overline{BC}$ 디자인에서의 직접비교값인 d_{BC}^{di}와 $\overline{ABC}$ 디자인에서의 직접비교값인 d_{BC}^{di}의
차이를 design inconsistency라고 한다.

네트워크 메타분석에서 이러한 비일관성은 difference, discrepancy, inconsistency,
incoherence 등의 용어로 혼용되니 기억해두기 바란다.

2 | R의 "gemtc" 패키지를 이용한 베이지안 네트워크 메타분석

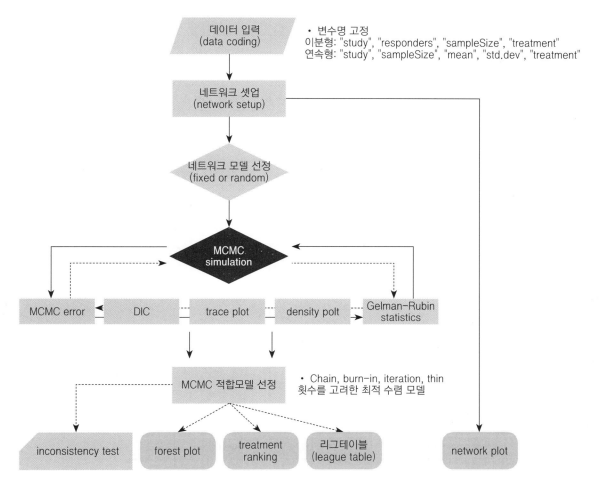

[그림 2-5] R "gemtc" 패키지를 이용한 네트워크 메타분석 순서도

R의 베이지안 방법을 이용한 네트워크 메타분석 패키지인 gemtc를 활용한 순서도이다. 최초 자료 코딩 시 해당 함수에 적합하도록 변수명을 고정해야 하며 네트워크 셋업 → 네트워크 모델 선정 → MCMC 수렴도 최적모델 선정 → 최종 모델에서 통계적 추론의 순서로 진행한다[그림 2-5].

2-1 이분형 예제자료(binary data)

[표 2-2] 약물 사용법에 따른 수혈 빈도표 (이분형 예제자료: bin_dn.csv)

study	d	n	trt	study	d	n	trt
Alshryda 2013	10	80	D	Lemay 2004	6	20	C
Alshryda 2013	26	81	A	Lemay 2004	13	19	A
Barrachina 2016	4	36	C	Martin 2014	3	25	D
Barrachina 2016	14	37	A	Martin 2014	5	25	A
Benoni 2000	9	20	C	Niskanen 2005	5	19	C
Benoni 2000	15	19	A	Niskanen 2005	8	20	A
Benoni 2001	4	18	B	North 2016	8	70	C
Benoni 2001	8	20	A	North 2016	12	69	D
Claeys 2007	1	20	B	Rajesparan 2009	3	36	B
Claeys 2007	6	20	A	Rajesparan 2009	10	37	A
Fraval 2017	1	50	C	Wang 2016	9	81	B
Fraval 2017	6	51	A	Wang 2016	10	38	A
Husted 2003	2	20	C	Wei 2014	6	101	B
Husted 2003	7	20	A	Wei 2014	26	100	A
Hsu 2015	2	30	C	Xie 2016	3	70	B
Hsu 2015	9	30	A	Xie 2016	4	70	D
Johansson 2005	8	47	B	Xie 2016	0	70	E
Johansson 2005	23	53	A	Yi 2016	8	50	B
Kazemi 2010	7	32	B	Yi 2016	1	50	E
Kazemi 2010	15	32	A	Yi 2016	19	50	A
Lee 2013	9	34	C	Yue 2014	3	52	D
Lee 2013	20	34	A	Yue 2014	11	49	A

d, events; n, total sample sizes; trt, treatment.
A, Placebo; B, IV(single); C, IV(double); D, Topical; E, Combination.

1) 데이터 코딩 및 불러오기

베이지안 네트워크 메타분석을 실행하기 위해 gemtc 패키지를 로딩시킨다.

```
.library(gemtc)
```

그런 다음 작업폴더에 넣어둔 예제파일을 아래 명령어로 R 메모리에 불러온다. R에서는 쉼표로 구분된 수치파일(csv) 형태를 선호하니 파일을 미리 해당 포맷으로 저장해서 지정된 작업폴더에 넣어두어야 한다[표 2–2].

```
.data_b_bin = read.csv("bin_dn.csv", header=TRUE)
```

read.csv는 csv 파일을 불러오는 함수로 파일명 "bin_dn.csv"를 불러와서 파일의 첫 번째 변수명을 그대로 쓴다는 뜻이다(header=TRUE). 이렇게 로딩된 csv 파일은 R 메모리에서는 data_b_bin이라는 이름의 객체(object)로 저장된다. 이를 확인해보려면 View 함수에 지정한 데이터를 넣어준다.

```
.View(data_b_bin)
```

gemtc 패키지는 하위에 여러 함수들을 포함하는데 그중 mtc.network 함수는 데이터의 함수명이 특정 변수명이어야만 실행이 가능하다. 이분형 자료에서는 "study", "responders", "sampleSize", "treatment"와 일치해야 한다. 본 예제자료는 변수명이 다르므로 colnames 명령어로 변수명을 변경한다.

```
.colnames(data_b_bin) <- c("study","responders", "sampleSize", "treatment")
```

colnames는 변수명(열)의 이름을 지정하는데 data_b_bin 데이터의 변수명을 순서대로 변경한다. data_b_bin을 다시 열어보면 "study", "d", "n", "trt"에서 변경된 것을 확인할 수 있다[그림 2–6].

	study	responders	sampleSize	treatment
1	Alshryda 2013	10	80	D
2	Alshryda 2013	26	81	A
3	Barrachina 2016	4	36	C
4	Barrachina 2016	14	37	A
5	Benoni 2000	9	20	C
6	Benoni 2000	15	19	A
7	Benoni 2001	4	18	B
8	Benoni 2001	8	20	A
9	Claeys 2007	1	20	B
10	Claeys 2007	6	20	A

[그림 2-6] 데이터 변수명 변경

이후 이어지는 분석에서 treatment를 상세히 보여주고 이를 네트워크 셋업으로 활용하기 위해 treatment를 설정하여 treatments_bin으로 선언한다.

```
.treatments_bin <- read.table(textConnection('
                    id description
                    A "Treatment A"
                    B "Treatment B"
                    C "Treatment C"
                    D "Treatment D"
                    E "Treatment E"
                    '), header=TRUE)
```

2) 네트워크 셋업

준비된 data_b_bin 데이터를 네트워크 분석을 실행하기 위해 mtc.network 함수를 사용해 셋업한다.

```
.network_b_bin <- mtc.network(data.ab=data_b_bin,
treatments=treatments_bin, description="Bayesian NMA binary data")
```

mtc.network 함수는 앞에서 설정된 data_b_bin과 treatments_bin을 가져와 네트워크 셋업을 한 후 이를 network_b_bin으로 선언한다. description은 단순 설명이다.

```
.plot(network_b_bin)
```

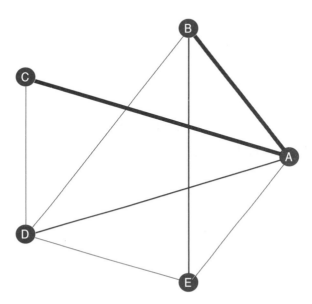

[그림 2-7] 네트워크 plot. A, Placebo; B, IV(single); C, IV(double); D, Topical; E, Combination.

네트워크 plot은 네트워크를 구성하는 치료그룹 간의 직접비교(direct comparison) 관계를 도식화해서 보여준다. 각 node를 연결하는 엣지(edge)의 굵기는 데이터의 양을 의미한다. 네트워크 plot은 네트워크 메타분석 연구에서 치료들 간의 질적·양적 관계를 가늠할 수 있게 해주므로 반드시 제시되어야 한다[그림 2-7].

```
.summary(network_b_bin)
```

summary 명령어를 실시하면 결과창(console)에서 네트워크 셋업의 전반적인 상황을 볼 수 있다. 각 치료별 2-arm 또는 3-arm 연구의 개수와 치료별 대응개수도 알 수 있다. 앞의 네트워크 plot을 수치적으로 설명한다고 볼 수 있다.

3) 네트워크 모델

네트워크 셋업이 끝났으면 고정효과모형(fixed effect model) 또는 랜덤효과모형(random effect model)의 네트워크 모델을 설정한다.

```
.model_b_bin_fe <- mtc.model(network_b_bin, linearModel='fixed', n.chain
= 4)
.model_b_bin_re <- mtc.model(network_b_bin, linearModel='random', n.chain
= 4)
```

mtc.model 함수에 네트워크 셋업 데이터 network_b_bin을 불러들여 고정효과모형과 랜덤효과모형을 각각 model_b_bin_fe와 model_b_bin_re로 설정한다. n.chain은 이어서 진행할 MCMC 시뮬레이션에서 chain의 수를 나타낸다.

4) MCMC 시뮬레이션과 수렴 여부 진단

(1) MCMC 시뮬레이션 실행

네트워크 모델이 설정되면 MCMC 시뮬레이션을 실시한다. 전반적인 순서는 적정 수준의 시뮬레이션 횟수를 설정하여 실행하고 실행한 결과들의 수렴 여부를 확인하는 것이다. 고정효과모형을 예제로 상세히 살펴보자.

```
.mcmc_b_bin_fe <- mtc.run(model_b_bin_fe, n.adapt=5000, n.iter=10000,
thin=20)
```

mtc.run 함수에 설정된 고정효과모형 모델을 넣어준다. n.adapt=5000은 시뮬레이션이 시작된 후 1-5000번까지는 버린다는 뜻으로 burn-in이라고 하는데, 알고리즘 초기값의 영향을 제거하기 위해 생성된 난수의 초기 일정 부분을 제거하는 것이다. n.iter=10000은 10000번 반복 시뮬레이션을 실시한다는 뜻이고, thin=20은 20번마다의 간격으로 추출한다는 의미이다. 다시 한 번 정리하면 시뮬레이션을 실행하는 데 있어서 초기값의 영향을 줄이기 위해 1번에서 5000번까지는 버리고 5001번부터 15000번까지 10000번 실시하게 된다. 이때 20번마다의 간격, 즉 5020, 5040… 순서로 추출하게 된다.

베이지안 분석에서는 사후분포(posterior distribution)를 결정하기 위해 다중연쇄를 (multi chain) 고려한 사전분포(prior distribution)를 넣어주는데, 이때 사전분포를 계산하기 위한 사전분포의 사전모수, 즉 초모수(hyperparameter) d의 초기값을 다중으로 설정하여(예를 들어 −1, 0, 1, 2 등 4개) 다중연쇄 시뮬레이션을 실시한다. 10000번의 시뮬레이션 중에서 20번마다의 간격으로 추출하는 것이므로 각 chain별로 500개씩의 데이터를 추출하게 된다.

앞서 설명한 내용은 summary 명령어를 통해서 실행되며 [그림 2-8]과 같이 나타난다.

```
.summary(mcmc_b_bin_fe)
```

```
Results on the Log Odds Ratio scale

Iterations = 5020:15000
Thinning interval = 20
Number of chains = 4
Sample size per chain = 500

1. Empirical mean and standard deviation for each variable,
   plus standard error of the mean:

        Mean     SD Naive SE Time-series SE
d.A.B -1.336 0.1966 0.004397       0.004403
d.A.C -1.520 0.2313 0.005171       0.004718
d.A.D -1.124 0.2600 0.005814       0.006521
d.A.E -4.319 1.2436 0.027807       0.028372

2. Quantiles for each variable:

         2.5%    25%    50%    75%   97.5%
d.A.B -1.739 -1.471 -1.331 -1.198 -0.9586
d.A.C -1.977 -1.669 -1.519 -1.362 -1.0676
d.A.D -1.655 -1.294 -1.120 -0.946 -0.6348
d.A.E -7.339 -4.984 -4.128 -3.447 -2.3324

-- Model fit (residual deviance):

   Dbar       pD      DIC
30.91465 25.32630 56.24095

44 data points, ratio 0.7026, I^2 = 0%
```

[그림 2-8] MCMC simulation summary (burn-in 5000, iteration 10000, thin 20)

(2) MCMC 시뮬레이션 수렴 여부 진단

MCMC 시뮬레이션이 잘 수렴되었는지 확인하기 위해서 아래 사항들을 복합적으로 확인한다.

■ MCMC error

몬테카를로 오차([그림 2-8]의 Naive SE & Time-series SE)는 작을수록 높은 정밀도를 나타내어 수렴이 잘되었다고 판단할 수 있다. 시뮬레이션의 전반적인 평가는 MCMC error가 얼마나 최소화되는가에 달려 있다고 볼 수 있다. 따라서 반복 시뮬레이션 횟수를 늘려 표본의 수를 충분히 확보하고 초기값의 영향을 제거하기 위해 burn-in 과정을 거치며 데이터 추출간격 thin을 잘 조절해야 한다.

■ DIC(deviance information criterion)

$DIC = \bar{D} + pD$([그림 2-8]의 Dbar, pD, DIC)로 나타낸다. $\bar{D}$는 잔차이탈도(residual deviance)의 합이며 pD는 모수 수의 추정치로 결국 DIC는 모형의 적합도와 복잡성을 동시에 고려한 수치이다. 이 수치가 작을수록 좀 더 나은 모형이라고 할 수 있다.

■ trace plot과 density plot

trace plot(시뮬레이션 수행 결과를 육안으로 보여주는 표)은 특정한 패턴이 없이 각 chain들이 얽혀 있어야 잘 수렴했다고 판단할 수 있다. density plot은 사후분포(사후밀도함수)로서 시뮬레이션 반복횟수에 따라 모양이 크게 다르다면 잘 수렴하지 않았다는 것을 의미한다.

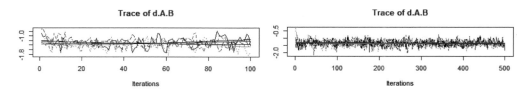

[그림 2-9] 반복 실행횟수에 따른 trace 비교 100회 vs 500회

[그림 2-9]는 burn-in을 실행하지 않은 상태에서 전체 반복 실행횟수를 100과 500으로 넣은 것이다. 처음 100회(그림 좌)를 실시할 때는 chain 4개의 변동이 심하고 균등하지 않지만 500회(그림 우) 정도에 이르면 어느 정도 특정 패턴이 없이 균등해진다. 따라서 최소한 채널당 500회 이상은 시뮬레이션을 실시하는 것이 바람직하다. 다시 말해 초기값의 영향을 제거하기 위한 burn-in은 0-100회까지는 너무 불균등하여 당연히 버려야 하며 적어도 500회는 넘어야 한다. 본 예제에서는 알고리즘의 영향을 최소화하기 위해서 5000회까지 버리기로 하였다.

burn-in 과정 다음으로 5001부터 추출될 자료의 간격을 선택한다.

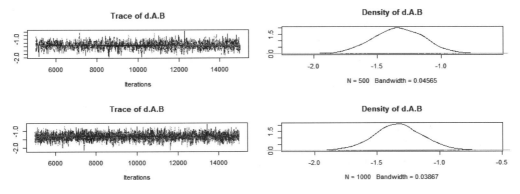

[그림 2-10] 추출간격 thin의 조절에 따른 반복 실행횟수의 변화

[그림 2-10]에서 동일하게 10000회 반복 실행을 할 때 추출간격 thin을 20으로 입력하면(그림 상단) 채널당 500개의 자료가 추출되며 thin을 10으로 입력하면(그림 하단) 채널당 1000개가 추출되어 표본의 수가 많아지고 trace 그림이 더욱 균등한 분포를 보여주게 된다. 또한 사후밀도함수(density)에서도 하단의 1000개의 표본이 좀 더 정규분포에 근사하기 때문에 이를 선택하게 된다.

최종 선택된 MCMC 시뮬레이션 모형은 burn-in 5000회 실시, 반복 실행횟수는 10000회, 자료는 10번째 간격마다 추출하여 채널당 1000개의 표본을 추출하는 것으로 결정하였다[그림 2-11].

최종 선택된 모형의 summary 테이블을 이전 테이블 [그림 2-8]과 비교해보면 전체 표본수의 증가에 따라 치료그룹 $\overline{AB}$의 MCMC SE가 0.004에서 0.003 수준으로 낮아져 정밀도가 높아졌다. 그러나 DIC는 56.24에서 56.63으로 실질적으로 큰 의미는 없는 것으로 판단된다.

```
Results on the Log Odds Ratio scale

Iterations = 5010:15000
Thinning interval = 10
Number of chains = 4
Sample size per chain = 1000

1. Empirical mean and standard deviation for each variable,
   plus standard error of the mean:

        Mean     SD Naive SE Time-series SE
d.A.B -1.330 0.1952 0.003086       0.003087
d.A.C -1.522 0.2253 0.003563       0.003585
d.A.D -1.131 0.2627 0.004154       0.004218
d.A.E -4.391 1.3281 0.020999       0.021917

2. Quantiles for each variable:

        2.5%    25%    50%     75%    97.5%
d.A.B -1.720 -1.459 -1.332 -1.2018 -0.9401
d.A.C -1.971 -1.667 -1.520 -1.3715 -1.0890
d.A.D -1.661 -1.301 -1.129 -0.9476 -0.6322
d.A.E -7.590 -5.073 -4.171 -3.4603 -2.4341

-- Model fit (residual deviance):

    Dbar       pD      DIC
31.09616 25.53635 56.63252

44 data points, ratio 0.7067, I^2 = 0%
```

[그림 2-11] MCMC simulation summary (burn-in 5000, iteration 10000, thin 10)

■ 겔만–루빈(Gelman–Rubin) 통계량과 plot

```
.gelman.diag(mcmc_b_bin_fe)
.gelman.plot(mcmc_b_bin_fe)
```

gelman.diag 명령어는 겔만–루빈 통계량을 콘솔에 표시하며 gelman.plot은 겔만–루빈 plot을 그려준다[그림 2–12]. 시뮬레이션 반복횟수가 커짐에 따라 1에 가깝게 나타나며 변동이 안정화되어야 잘 수렴했다고 할 수 있다.

겔만–루빈 통계량은 채널당 500개(그림 좌)와 1000개(그림 우)의 표본을 추출한 두 자료 모두 모든 치료에서 1에 근사하여 차이를 보이지 않는다. 그러나 [그림 2–12]를 살펴보면 1000개의 표본을 추출한 오른쪽 plot이 훨씬 안정적으로 1에 근사하여 이를 선택하는 것이 바람직하다.

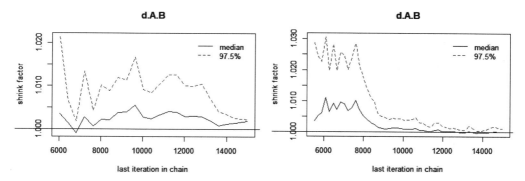

[그림 2-12] 겔만-루빈 통계량과 plot

(3) MCMC 시뮬레이션 최종 모델 선정

MCMC 시뮬레이션은 다중연쇄를 위한 적절한 chain 수, 초기값 영향제거(burn-in), 반복횟수(interation), 추출간격(thin)을 복합적으로 조절하여 가장 잘 수렴하는 모델을 선정해야 한다. 다만 컴퓨터의 사양에 따라 시간이 많이 걸릴 수 있으니 횟수를 적절히 조절해야 한다.

■ burn-in 5000, iteration 10000, thin 20

```
.mcmc_b_bin_fe <- mtc.run(model_b_bin_fe, n.adapt=5000, n.iter=10000,
thin=20)
.plot(mcmc_b_bin_fe)
.summary(mcmc_b_bin_fe)
.gelman.diag(mcmc_b_bin_fe)
.gelman.plot(mcmc_b_bin_fe)
```

■ burn-in 5000, iteration 10000, thin 10

```
.mcmc_b_bin_fe <- mtc.run(model_b_bin_fe, n.adapt=5000, n.iter=10000,
thin=10)
.plot(mcmc_b_bin_fe)
.summary(mcmc_b_bin_fe)
.gelman.diag(mcmc_b_bin_fe)
.gelman.plot(mcmc_b_bin_fe)
```

R에서는 다른 수식이나 다른 데이터를 앞서 설정한 데이터와 똑같은 이름으로 설정하면 마지막에 실행한 데이터로 변경된다. 예를 들어 "mcmc_b_bin_fe"를 첫 번째 시뮬레이션에서 thin=20으로 실행했지만 두 번째 시뮬레이션에서 10으로 실행하였기에 이후 "mcmc_b_bin_fe"는 마지막 데이터 설정인 thin=10을 따르게 된다.

본 예제의 고정효과모형에서는 초기값의 영향을 제거하고 반복횟수와 추출간격을 늘림으로써 MCMC error와 DIC 변화가 최소화되며 plot들의 모습이 안정화되는 최적의 조건으로 4개의 chain, 5000번의 burn-in, 10000번의 반복, 그리고 10개 간격의 추출을 선택하였다.

5) 일관성 검정(consistency test)

네트워크 메타분석의 가정에서 일관성 검정은 네트워크 메타분석 결과의 적용 가능 여부를 판가름하는 매우 중요한 도구이다.

```
.nodesplit_b_bin_fe <- mtc.nodesplit(network_b_bin, linearModel='fixed',
n.adapt=5000, n.iter=10000, thin=10)
.plot(nodesplit_b_bin_fe)
.plot(summary(nodesplit_b_bin_fe))
```

mtc.nodesplit 함수에 네트워크 셋업 데이터를 넣어서 일관성 검정을 위한 고정효과모형 모델 nodesplit_b_bin_fe를 만든다. 이때 MCMC 시뮬레이션도 같이 시행된다. 치료 간의 변동을 육안으로 쉽게 파악할 수 있으며 모든 개별 치료 간의 일관성 검정 결과를 쉽게 파악할 수 있다. [그림 2-13]에서 E vs D의 p-value는 0.043으로 일관성이 없는 것으로 나타났으나 나머지 모든 치료에서는 통계적 유의차를 보이지 않아 본 모델은 일관성을 지지하는 것으로 나타났다.

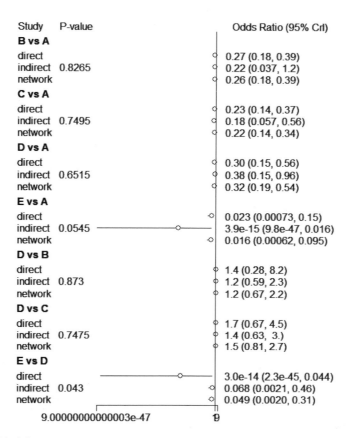

[그림 2-13] 일관성 검정

6) forest plot

네트워크 메타분석을 통해 치료그룹별 효과크기를 한눈에 알아볼 수 있도록 도식화하여 비교한다.

```
.forest(relative.effect(mcmc_b_bin_fe, t1="A"), digits=3)
```

forest 함수에 MCMC 시뮬레이션을 통한 최종 모델을 넣으면 참조치료를 A로 하는 forest plot을 생성한다.

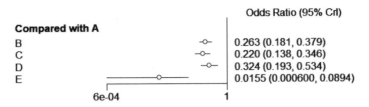

[그림 2-14] forest plot (reference A)

```
.forest(relative.effect(mcmc_b_bin_fe, t1="E"))
```

forest 함수 옵션에 t1 = "E"를 추가하면 참조치료를 E로 하는 forest plot을 생성한다.

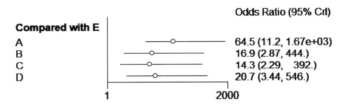

[그림 2-15] forest plot (reference E)

[그림 2-14]에서 알 수 있듯이 forest plot을 통해 각 치료별 효과크기를 직관적으로 비교할 수 있다. placebo에 대비한 모든 치료별 효과크기(OR, 수혈률)가 낮게 나타났으며 95% 신용구간(credible interval)이 겹치지 않는다는 것을 알 수 있다. 특히 병용치료방법(E, combination)의 경우 placebo뿐만 아니라 정맥1회주사법[B, IV(single)], 정맥2회주사법[C, IV(double)], 국소도포법[D, topical] 등 모든 치료에 대비하여 통계적으로 유의하게 수혈률이 낮음을 알 수 있다. [그림 2-15]는 참조치료를 E로 변경하여 반대로 해석할 수 있다.

7) 치료 간 비교우위 선정(treatment ranking)

네트워크 메타분석의 가장 중요한 기능 중의 하나는 치료 간 비교우위를 선정할 수 있다는 것이다. 다시 말해 치료별 최우선 순위에서 최하위 순위까지 선택될 누적확률을 계산할 수 있다.

```
.ranks_b_bin_fe <- rank.probability(mcmc_b_bin_fe, preferredDirection =
-1)
.print(ranks_b_bin_fe)
```

rank.probability 함수에 MCMC 최종 모델을 넣는다. preferredDirection은 효과크기가 작을수록 우수한 것인지 클수록 우수한 것인지에 따라 '–1' 또는 '1' 중에서 방향을 설정한다. 본 사례는 참조치료 대비 효과크기가 작을수록 우수한 것이기 때문에 '–1'을 설정하였다.

```
Rank probability; preferred direction = -1
    [,1]    [,2]     [,3]     [,4] [,5]
A 0.0000 0.00000 0.00000 0.00000    1
B 0.0000 0.25025 0.50925 0.24050    0
C 0.0015 0.68250 0.26075 0.05525    0
D 0.0000 0.06575 0.23000 0.70425    0
E 0.9985 0.00150 0.00000 0.00000    0
```

[그림 2-16] 치료 간 비교우위 선정 테이블

확률 테이블에서 볼 수 있듯이 E(combination)가 best 치료일 경우는 99.8%이다. 2순위로 선택될 치료로는 C(IV double)가 68.2%이며, 다음으로는 B(IV single), D(topical), A(placebo)의 순위를 보인다[그림 2–16].

```
.plot(ranks_b_bin_fe, beside=TRUE)
```

치료 간 비교우위를 그래프로 표현할 수도 있다.

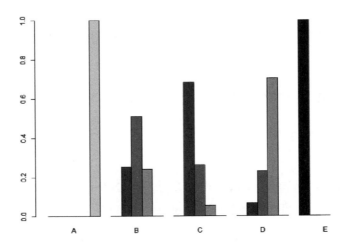

[그림 2-17] 치료 간 비교우위 선정 plot

TIP 랜덤효과모형

네트워크 랜덤효과모형 선정에서부터 MCMC 시뮬레이션 실행, 수렴 여부 진단, 일관성 검정, forest plot 생성, 치료 간 비교우위 선정까지 고정효과모형과 동일한 방법으로 분석한다.

■ random effect model

```
.model_b_bin_re <- mtc.model(network_b_bin, linearModel='random',
n.chain = 4)
```

■ MCMC simulation

```
.mcmc_b_bin_re <- mtc.run(model_b_bin_re, n.adapt=5000, n.iter=10000,
thin=5)
.plot(mcmc_b_bin_re)
.summary(mcmc_b_bin_re)
.gelman.diag(mcmc_b_bin_re)
.gelman.plot(mcmc_b_bin_re)
```

본 예제의 랜덤효과모형에서는 초기값의 영향을 충분히 제거하고 반복횟수와 추출간격을 늘리면서 MCMC error와 DIC 변화가 최소화되어 변동이 거의 없고 다양한 plot들의 모습이 안정적인 4개의 chain, 5000번의 burn-in, 10000번의 반복, 그리고 5개 간격의 추출을 선택하였다.

```
Results on the Log Odds Ratio scale

Iterations = 5005:15000
Thinning interval = 5
Number of chains = 4
Sample size per chain = 2000

1. Empirical mean and standard deviation for each variable,
   plus standard error of the mean:

          Mean     SD Naive SE Time-series SE
d.A.B  -1.3319 0.2133 0.002385       0.009579
d.A.C  -1.5401 0.2405 0.002689       0.012353
d.A.D  -1.1219 0.2683 0.003000       0.011087
d.A.E  -4.5348 1.3776 0.015401       0.176400
sd.d    0.1529 0.1183 0.001323       0.006229

2. Quantiles for each variable:

             2.5%      25%     50%      75%    97.5%
d.A.B  -1.733276 -1.47649 -1.3360 -1.1918 -0.8832
d.A.C  -1.986093 -1.70723 -1.5425 -1.3752 -1.0716
d.A.D  -1.660154 -1.29691 -1.1136 -0.9435 -0.5859
d.A.E  -7.843571 -5.31302 -4.3056 -3.4970 -2.4409
sd.d    0.005743  0.06019  0.1277  0.2156  0.4428

-- Model fit (residual deviance):

    Dbar       pD      DIC
31.90759 26.97350 58.88109
```

MCMC simulation for random effect model. summary(burn-in 5000, iteration 10000, thin 5)

■ 일관성 검정

```
.nodesplit_b_bin_re <- mtc.nodesplit(network_b_bin,
linearModel='random', n.adapt=5000, n.iter=10000, thin=5)
.plot(nodesplit_b_bin_re)
.plot(summary(nodesplit_b_bin_re))
```

랜덤효과모형에서도 모든 치료 간에 통계적 유의차를 보이지 않아 본 모델은 일관성을 지지하는 것으로 나타났다.

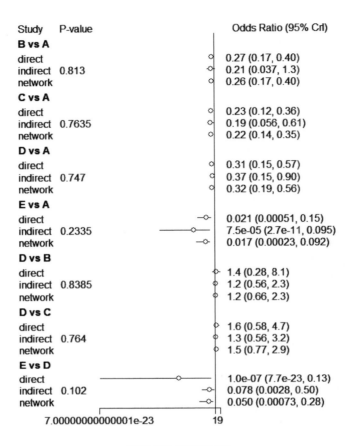

일관성 검정 (랜덤효과모형)

■ forest plot

```
.forest(relative.effect(mcmc_b_bin_re, t1="A"), digits=3)
```

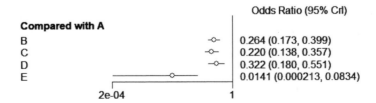

forest plot_reference A (랜덤효과모형)

랜덤효과모형에서도 placebo에 대비한 모든 치료별 효과크기(수혈률, transfusion rate)가 낮게 나타났으며 95% 신용구간(credible interval)이 겹치지 않는다는 것을 알 수 있다. 특히 병용치료 방법(E, combination)의 경우 placebo뿐만 아니라 정맥1회주사법[B, IV(single)], 정맥2회주사법[C, IV(double)], 그리고 국소도포법[D, topical] 등 모든 치료에 대비하여 통계적으로 유의하게 수혈률이 낮음을 알 수 있다.

■ 치료 간 비교우위 선정

```
.ranks_b_bin_re <- rank.probability(mcmc_b_bin_re,
preferredDirection = -1)
.print(ranks_b_bin_re)
.plot(ranks_b_bin_re, beside=TRUE)
```

```
Rank probability; preferred direction = -1
     [,1]      [,2]      [,3]      [,4] [,5]
A 0.00000 0.000000 0.000000 0.000000    1
B 0.00000 0.245750 0.515875 0.238375    0
C 0.00025 0.697125 0.248375 0.054250    0
D 0.00000 0.056875 0.235750 0.707375    0
E 0.99975 0.000250 0.000000 0.000000    0
```

치료 간 비교우위 선정 테이블 (랜덤효과모형)

확률 테이블에서 볼 수 있듯이 E(combination)가 best 치료일 경우는 99.9%이다. 2순위에서 선택될 치료로는 C(IV double)가 69.7%이며, 다음으로는 B(IV single), D(topical), A(placebo)의 순위를 보인다.

고정효과모형 vs 랜덤효과모형, 어떤 모형을 선택할까 ?

네트워크 메타분석에서는 기존의 직접비교에서의 이질성뿐만 아니라 개별 치료들 간의 간접비교를 활용하기 위한 특수한 경우의 이질성, 즉 일관성도 고려해주어야 한다. 엄밀히 보면 네트워크 메타분석에서의 일관성 문제는 결국 네트워크를 형성한 분석의 가능 여부를 판단하는 것으로 만약 일관성이 결여된다면 네트워크 메타분석을 신뢰할 수 없을 것이다.

정리해보면 기존의 다양한 이질성과 더불어 직·간접 비교의 일관성까지 고려한다면 랜덤효과모형이 보다 적절할 것이다. 더욱이 베이지안 방법의 계층적 모형(Bayesian hierarchical model)에 충실하자면 사전분포로 주어진 연구들 간의 실체적 차이(tau)를 결정하는 초사전분포를 고려하는 것이 MCMC 시뮬레이션의 수렴도를 더 높인다고 판단된다.

이분형 예제자료를 가지고 분석한 결과에서 고정효과모형과 랜덤효과모형 둘 다 MCMC 시뮬레이션을 잘 수렴하고 있으며 일관성 또한 큰 차이를 보이지 않았고, 각 치료 간의 효과크기 및 비교 우위 선정에서 동일한 결과를 도출하였다. 따라서 두 모형의 결과를 모두 제시하여 독자들이 스스로 판단하게 하는 것도 연구의 완성도를 높일 수 있는 방법이다.

2-2 연속형 예제자료(continuous data)_평균의 차이

[표 2-3] 약물의 사용법에 따른 수혈량 (연속형 예제자료: con_nms.csv)

study	n	m	s	trt
Alshryda 2013	80	1650.0	188.0	D
Alshryda 2013	81	1981.0	1007.0	A
Barrachina 2016	36	1308.0	641.0	C
Barrachina 2016	37	2215.0	1136.0	A
Benoni 2000	20	550.0	275.0	C
Benoni 2000	19	500.0	234.0	A
Benoni 2001	18	759.0	193.0	B
Benoni 2001	20	996.0	267.0	A
Ekbäck 2000	20	1130.0	400.0	C
Ekbäck 2000	20	1770.0	523.0	A
Fraval 2017	50	1084.0	440.0	C
Fraval 2017	51	1394.0	426.0	A
Garneti 2004	25	1443.0	809.0	B
Garneti 2004	25	1340.0	665.0	A
Johansson 2005	47	969.0	434.0	B
Johansson 2005	53	1324.0	577.0	A
Lemay 2004	20	1308.0	462.0	C

Lemay 2004	19	1469.0	405.0	A
Lee 2013	34	647.0	216.0	C
Lee 2013	34	1326.0	349.0	A
Niskanen 2005	19	626.0	206.0	C
Niskanen 2005	20	790.0	293.0	A
North 2016	70	1195.0	485.9	C
North 2016	69	1442.7	562.7	D
Rajesparan 2009	36	1372.0	436.0	B
Rajesparan 2009	37	1683.0	705.0	A
Wei 2014	101	958.5	422.1	B
Wei 2014	102	963.4	421.3	D
Wei 2014	100	1364.2	278.6	A
Yi 2016	50	1002.6	366.9	B
Yi 2016	50	750.6	343.5	E
Yi 2016	50	1221.1	386.3	A
Xie 2016	70	878.0	210.0	B
Xie 2016	70	905.07	237.7	D
Xie 2016	70	670.7	189.0	E
Yamasaki 2004	20	1350.0	477.0	B
Yamasaki 2004	20	1667.0	401.0	A
Yue 2014	52	1050.3	331.7	D
Yue 2014	49	1255.5	193.5	A

n, total sample sizes; m, mean; s, standard deviation; trt, treatment.
A, Placebo; B, IV(single); C, IV(double); D, Topical; E, Combination.

1) 데이터 코딩 및 불러오기

베이지안 네트워크 메타분석을 실행하기 위해 gemtc 패키지를 로딩시킨다.

```
.library(gemtc)
```

그런 다음 작업폴더에 넣어둔 예제파일을 아래 명령어로 R 메모리에 불러온다. R에서
는 쉼표로 구분된 수치파일(csv)의 형태를 선호하니 파일을 미리 해당 포맷으로 저장해서
지정된 작업폴더에 넣어두어야 한다.

```
.data_b_con = read.csv("con_nms.csv", header=T)
```

read.csv는 csv 파일을 불러오는 함수로 파일명 "con_nms.csv"를 불러와서 파일의 첫 번째 변수명을 그대로 쓴다는 뜻이다(header=TRUE). 이렇게 로딩된 csv 파일은 R 메모리에서는 data_b_con이라는 이름의 객체(object)로 저장된다. 이를 확인해보려면 View 함수에 지정한 데이터를 넣어준다.

```
.View(data_b_con)
```

gemtc 패키지는 하위에 여러 함수들을 포함하는데 그중 mtc.network 함수는 데이터의 함수명이 특정 변수명이어야만 실행이 가능하다. 연속형 자료에서는 "study", "sampleSize", "mean", "std.dev", "treatment"와 일치해야 한다. 본 예제자료는 변수명이 다르므로 colnames 명령어로 변수명을 변경한다.

```
.colnames(data_b_con)<-c("study","sampleSize", "mean", "std.dev",
"treatment")
```

colnames는 변수명(열)의 이름을 지정한다. data_b_con 데이터의 변수명을 순서대로 변경한다. data_b_con을 다시 열어보면 "study", "n", "m", "s", "trt"에서 변경된 것을 알 수 있다[그림 2–18].

	study	sampleSize	mean	std.dev	treatment
1	Alshryda 2013	80	1650.00	188.0	D
2	Alshryda 2013	81	1981.00	1007.0	A
3	Barrachina 2016	36	1308.00	641.0	C
4	Barrachina 2016	37	2215.00	1136.0	A
5	Benoni 2000	20	550.00	275.0	C
6	Benoni 2000	19	500.00	234.0	A
7	Benoni 2001	18	759.00	193.0	B
8	Benoni 2001	20	996.00	267.0	A
9	Ekbck 2000	20	1130.00	400.0	C
10	Ekbck 2000	20	1770.00	523.0	A

[그림 2–18] 데이터 변수명 변경

이후 이어지는 분석에서 treatment를 상세히 보여주고 이를 네트워크 셋업으로 활용하기 위해 treatment를 설정하여 treatments_con으로 선언한다.

```
.treatments_con <- read.table(textConnection('
             id description
             A "Treatment A"
             B "Treatment B"
             C "Treatment C"
             D "Treatment D"
             E "Treatment E"
             '), header=TRUE)
```

2) 네트워크 셋업

준비된 data_b_con 데이터를 네트워크 분석을 위해 mtc.network 함수를 사용하여 셋업한다.

```
.network_b_con <- mtc.network(data.ab=data_b_con,
treatments=treatments_con, description="Bayesian NMA continuous data")
```

mtc.network 함수는 앞에서 설정된 data_b_con과 treatments_con을 가져와 네트워크 셋업을 한 후 이를 network_b_con으로 선언한다. description은 단순 설명이다.

```
.plot(network_b_con)
```

네트워크 plot은 네트워크를 구성하는 치료그룹 간의 직접비교(direct comparison) 관계를 도식화해서 보여준다. 각 node를 연결하는 엣지(edge)의 굵기는 데이터의 양을 의미한다. 네트워크 plot은 네트워크 메타분석 연구에서 치료들 간의 질적·양적 관계를 가늠할 수 있게 해주므로 반드시 제시되어야 한다[그림 2-19].

```
.summary(network_b_con)
```

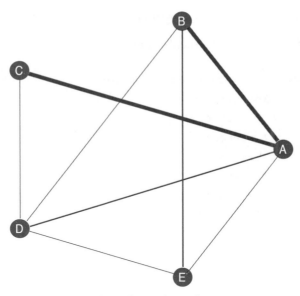

[그림 2-19] 네트워크 plot. A, Placebo; B, IV(single); C, IV(double); D, Topical; E, Combination.

summary 명령어를 실시하면 결과창(console)에 네트워크 셋업의 전반적인 상황을 볼 수 있다. 각 치료별 2-arm 또는 3-arm 연구의 개수와 치료별 대응개수도 알 수 있다. 앞의 네트워크 plot을 수치적으로 설명한다고 볼 수 있다.

3) 네트워크 모델

네트워크 셋업이 끝났으면 고정효과모형(fixed effect model) 또는 랜덤효과모형(random effect model)의 네트워크 모델을 설정한다.

```
.model_b_con_fe <- mtc.model(network_b_con, linearModel='fixed', n.chain =
4)
.model_b_con_re <- mtc.model(network_b_con, linearModel='random', n.chain
= 4)
```

mtc.model 함수에 네트워크 셋업 데이터 network_b_con을 불러들여 고정효과모형과 랜덤효과모형을 각각 model_b_con_fe와 model_b_con_re로 설정한다. n.chain은 이어서 진행할 MCMC 시뮬레이션에서 chain의 수를 나타낸다.

4) MCMC 시뮬레이션과 수렴 여부 진단

(1) MCMC 시뮬레이션 실행

네트워크 모델이 설정되면 MCMC 시뮬레이션을 실시한다. 전반적인 순서는 적정 수준의 시뮬레이션 횟수를 설정하여 실행하고 실행한 결과들의 수렴 여부를 확인하는 것이다. 고정효과모형을 예제로 상세히 살펴보자.

```
.mcmc_b_con_fe <- mtc.run(model_b_con_fe, n.adapt=5000, n.iter=10000,
thin=20)
```

mtc.run 함수에 설정된 고정효과모형 모델을 넣어준다. n.adapt＝5000은 시뮬레이션이 시작된 후 1-5000번은 버린다는 뜻으로 burn-in이라고 하는데, 알고리즘 초기값의 영향을 제거하기 위해 생성된 난수의 초기 일정 부분을 제거하는 것이다. n.iter＝10000은 10000번 반복 시뮬레이션을 실시한다는 뜻이고, thin＝20은 20번마다의 간격으로 추출한다는 의미이다. 다시 한 번 정리하면 시뮬레이션을 실행하는 데 있어서 초기값의 영향을 줄이기 위해 1번에서 5000번까지는 버리고 5001번부터 15000번까지 10000번 실시하게 된다. 이때 20번마다의 간격, 즉 5020, 5040… 순서로 추출하게 된다.

베이지안 분석에서는 사후분포(posterior distribution)를 결정하기 위해 다중연쇄를(multi chain) 고려한 사전분포(prior distribution)를 넣어주는데, 이때 사전분포를 계산하기 위한 사전분포의 사전모수, 즉 초모수(hyperparameter) d의 초기값을 다중으로 설정하여(예를 들어 -1, 0, 1, 2 등 4개) 다중연쇄 시뮬레이션을 실시한다. 10000번 시뮬레이션 중에서 20번마다의 간격으로 추출하는 것이므로 각 chain별로는 500개씩의 데이터를 추출하게 된다.

상기 설명에 대한 실행은 summary 명령어를 통해서 실행되며 [그림 2-20]과 같이 나타난다.

```
.summary(mcmc_b_con_fe)
```

```
Results on the Mean Difference scale

Iterations = 20:10000
Thinning interval = 20
Number of chains = 4
Sample size per chain = 500

1. Empirical mean and standard deviation for each variable,
   plus standard error of the mean:

         Mean    SD Naive SE Time-series SE
d.A.B -302.1 27.82   0.6221         0.6832
d.A.C -360.8 33.92   0.7586         0.7591
d.A.D -275.5 27.69   0.6192         0.6359
d.A.E -510.6 34.15   0.7636         0.7616

2. Quantiles for each variable:

         2.5%    25%    50%    75%  97.5%
d.A.B -358.1 -321.8 -302.1 -283.3 -248.5
d.A.C -429.8 -382.9 -360.6 -338.8 -293.7
d.A.D -328.0 -294.5 -276.4 -256.0 -221.4
d.A.E -578.8 -533.0 -511.0 -487.6 -443.2

-- Model fit (residual deviance):

    Dbar        pD       DIC
105.68091 22.16355 127.84447

39 data points, ratio 2.71, I^2 = 64%
```

[그림 2-20] MCMC simulation summary (burn-in 5000, iteration 10000, thin 20)

(2) MCMC 시뮬레이션 수렴 여부 진단

MCMC 시뮬레이션이 잘 수렴되었는지 확인하기 위해서 아래 사항들을 복합적으로 확인한다.

■ MCMC error

몬테카를로 오차([그림 2-20]의 Naive SE & Time-series SE)는 작을수록 높은 정밀도를 나타내어 수렴이 잘되었다고 판단할 수 있다. 시뮬레이션의 전반적인 평가는 MCMC error가 최소화되는가에 달려 있다고 볼 수 있다. 따라서 반복 시뮬레이션 횟수를 늘려 표본의 수를 충분히 확보하고 초기값의 영향을 제거하기 위해 burn-in 과정을 거치며 데이터 추출간격 thin을 잘 조절해야 한다.

■ DIC(deviance information criterion)

DIC $= \bar{D} +$ pD([그림 2-24]의 Dbar, pD, DIC)로 나타낸다. $\bar{D}$ 는 잔차이탈도(residual deviance)의 합이며 pD는 모수 수의 추정치로 결국 DIC는 모형의 적합도와 복잡성을 동시에 고려한 수치이다. 이 수치가 작을수록 좀 더 나은 모형이라고 할 수 있다 .

■ trace plot과 density plot

trace plot(시뮬레이션 수행 결과를 육안으로 보여주는 표)은 특정한 패턴이 없이 각 chain들이 얽혀 있어야 잘 수렴했다고 판단할 수 있다. density plot은 사후분포(사후밀도함수)로서 시뮬레이션 반복횟수에 따라 모양이 크게 다르면 잘 수렴하지 않았다는 것을 의미한다.

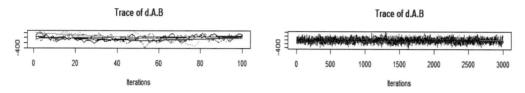

[그림 2-21] 반복 실행횟수에 따른 trace 비교 100회 vs 3000회

[그림 2-21]은 burn-in을 실행하지 않은 상태에서 전체 반복 실행횟수를 100과 3000으로 넣은 것이다. 처음 100회(그림 좌) 실시할 때는 4개의 chain의 변동이 심하고 균등하지 않지만 3000회(그림 우) 정도에 이르면 어느 정도 특정한 패턴이 없이 균등해진다. 따라서 최소한 채널당 3000회 이상은 시뮬레이션을 실시하는 것이 바람직하다. 따라서 초기값의 영향을 제거하기 위한 burn-in은 0-100회까지는 너무 불균등하여 당연히 버려야 하며 최소 3000회는 넘어야 한다. 본 예제에서는 알고리즘의 영향을 최소화하기 위해서 5000회까지는 버리기로 하였다.

burn-in 과정 다음으로 5001부터 추출될 자료의 간격을 선택한다.

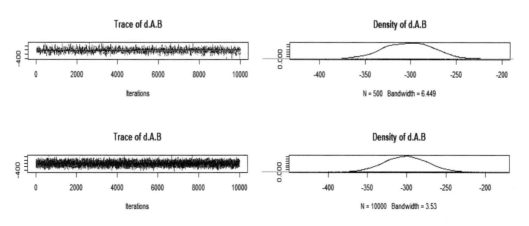

[그림 2-22] 추출간격 thin의 조절에 따른 반복 실행횟수의 변화

[그림 2-22]에서 동일하게 10000회 반복 실행을 할 때 추출간격 thin을 20으로 하면(그림 상단) 채널당 500개의 자료가 추출되며 thin을 1로 입력하면(그림 하단) 채널당 10000개가 추출되어 표본의 수가 많아지고 trace 그림이 더욱 균등한 분포를 보여주게 된다. 또한 사후밀도함수(density)에서도 10000개의 표본이 좀 더 정규분포에 근사한다고 볼 수 있어서 이를 선택하게 된다.

최종 선택된 MCMC 시뮬레이션 모형은 burn-in 5000을 실시하고 반복 실행횟수는 10000회, 자료는 1번째 간격으로 추출하여 채널당 10000개의 표본을 추출하는 것으로 결정하였다[그림 2-23].

최종 선택된 모형의 summary 테이블을 이전 테이블 [그림 2-20]과 비교해보면, 전체 표본수의 증가에 따라 치료그룹 AB의 MCMC SE가 0.6224에서 0.138 수준으로 낮아져 정밀도가 높아졌다. 그러나 DIC는 127.67에서 127.58로 변화되어 실질적으로 큰 의미는 없는 것으로 판단된다.

```
Results on the Mean Difference scale

Iterations = 1:10000
Thinning interval = 1
Number of chains = 4
Sample size per chain = 10000

1. Empirical mean and standard deviation for each variable,
   plus standard error of the mean:

        Mean    SD Naive SE Time-series SE
d.A.B -301.5 27.72   0.1386         0.3668
d.A.C -362.2 34.14   0.1707         0.3509
d.A.D -275.9 27.64   0.1382         0.3727
d.A.E -510.6 34.43   0.1721         0.4221

2. Quantiles for each variable:

        2.5%    25%    50%    75%  97.5%
d.A.B -355.8 -320.2 -301.4 -282.6 -247.2
d.A.C -429.6 -385.0 -362.2 -339.3 -295.3
d.A.D -330.3 -294.4 -275.8 -257.2 -221.8
d.A.E -578.5 -533.8 -510.9 -487.3 -443.3

-- Model fit (residual deviance):

     Dbar        pD       DIC
105.53794  22.02663 127.56457

39 data points, ratio 2.706, I^2 = 64%
```

[그림 2-23] MCMC simulation summary (burn-in 5000, iteration 10000, thin 1)

■ 겔만–루빈 통계량과 plot

```
.gelman.diag(mcmc_b_con_fe)
.gelman.plot(mcmc_b_con_fe)
```

gelman.diag 명령어는 겔만–루빈 통계량을 콘솔에 표시하며 gelman.plot은 겔만–루빈 plot을 그려준다[그림 2-24]. 시뮬레이션 반복횟수가 커짐에 따라 1에 가깝게 나타나며 변동이 안정화되어야 잘 수렴했다고 할 수 있다.

겔만–루빈 통계량은 채널당 500개(그림 좌)와 10000개(그림 우)의 표본을 추출한 두 자료 모두 모든 치료에서 1에 근사하여 차이를 보이지 않는다. 그러나 [그림 2-24]를 살펴보면 10000개의 표본을 추출한 오른쪽 plot이 훨씬 안정적으로 1에 근사하여 이를 선택하는 것이 바람직하다.

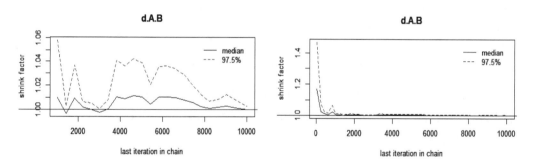

[그림 2-24] 겔만–루빈 통계량과 plot

(3) MCMC 시뮬레이션 최종 모델 선정

MCMC 시뮬레이션은 결국 다중연쇄를 위한 적절한 chain 수, 초기값 영향제거(burn-in), 반복횟수(interation), 추출간격(thin)을 복합적으로 잘 조절하여 가장 잘 수렴하는 모델을 선정해야 한다. 다만 컴퓨터의 사양에 따라 시간이 많이 걸릴 수 있으니 횟수를 적절히 조절해야 한다.

■ burn-in 5000, iteration 10000, thin 20

```
.mcmc_b_con_fe <- mtc.run(model_b_con_fe, n.adapt=5000, n.iter=10000,
thin=20)
.plot(mcmc_b_con_fe)
.summary(mcmc_b_con_fe)
.gelman.diag(mcmc_b_con_fe)
.gelman.plot(mcmc_b_con_fe)
```

■ burn-in 5000, iteration 10000, thin 1

```
.mcmc_b_con_fe <- mtc.run(model_b_con_fe, n.adapt=5000, n.iter=10000,
thin=1)
.plot(mcmc_b_con_fe)
.summary(mcmc_b_con_fe)
.gelman.diag(mcmc_b_con_fe)
.gelman.plot(mcmc_b_con_fe)
```

본 예제의 고정효과모형(fixed effect model)에서는 초기값의 영향을 제거하고 반복횟수와 추출간격을 늘림으로써 MCMC error와 DIC 변화가 최소화되며 plot들의 모습이 안정화되는 최적의 조건으로 4개의 chain, 5000번의 burn-in, 10000번의 반복, 그리고 1개 간격의 추출을 선택하였다.

5) 일관성 검정(consistency test)

네트워크 메타분석의 가정에서 일관성 검정은 네트워크 메타분석 결과의 적용 가능 여부를 판가름하는 매우 중요한 도구이다.

```
.nodesplit_b_con_fe <- mtc.nodesplit(network_b_con, linearModel='fixed',
n.adapt=5000, n.iter=10000, thin=1)
.plot(nodesplit_b_con_fe)
.plot(summary(nodesplit_b_con_fe))
```

mtc.nodesplit 함수에 네트워크 셋업 데이터를 넣어서 일관성 검정을 위한 고정효과모형 모델 nodesplit_b_con_fe를 만든다. 이때 MCMC 시뮬레이션도 같이 시행된다. 치료 간의 변동을 육안으로 쉽게 파악할 수 있으며 모든 개별 치료 간의 일관성 검정 결과를 쉽게 파악할 수 있다. [그림 2–25]에서 C vs A의 *p*–value는 0.0378, D vs C의 *p*–value는 0.037로 일관성이 없는 것으로 나타났으나, 나머지 치료 간 비교에서는 통계적 유의차를 보이지 않아 본 모델은 일관성을 지지하는 것으로 나타났다. C와 비교값을 해석할 때는 주의를 기울여야 한다.

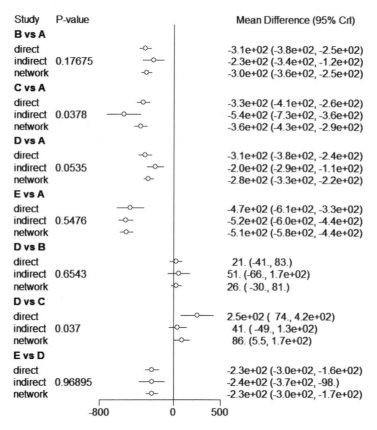

[그림 2–25] 일관성 검정

6) forest plot

네트워크 메타분석을 통해 치료그룹별 효과크기를 한눈에 알아볼 수 있도록 도식화하여 비교한다.

```
.forest(mcmc_b_con_fe)
```

forest 함수에 MCMC 시뮬레이션을 통한 최종 모델을 넣으면 참조치료를 A로 하는 forest plot을 생성한다.

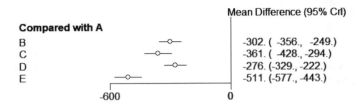

[그림 2-26] forest plot (reference A)

```
.forest(relative.effect(mcmc_b_con_fe, t1="E"))
```

forest 함수 옵션에 t1 = "E"를 추가하면 참조치료를 E로 하는 forest plot을 생성한다.

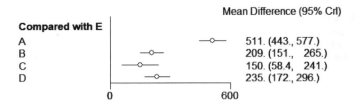

[그림 2-27] forest plot (reference E)

[그림 2–26]에서 알 수 있듯이 forest plot을 통해 각 치료별 효과크기를 직관적으로 비교할 수 있다. placebo에 대비한 모든 치료별 효과크기(mean difference, 수혈량)가 낮게 나타났으며 95% 신용구간(credible interval)이 겹치지 않는다는 것을 알 수 있다. 특히 병용치료방법(E, combination)의 경우 placebo뿐만 아니라 정맥1회주사법[B, IV(single)], 정맥2회주사법[C, IV(double)], 국소도포법[D, topical] 등 모든 치료에 대비해서도 통계적으로 유의하게 수혈량이 낮음을 알 수 있다.

한 가지 주의할 점은 A vs C를 해석할 때는 일관성을 지지하지 않았기 때문에 본 네트워크 메타분석 혼합비교 결과를 신뢰할 수 없으며, 직접비교 효과크기(–330; –41, –260)와 간접비교 효과크기(–540; –730, –360) 각각의 안에서만 해석하는 것이 바람직하다는 것이다.

7) 치료 간 비교우위 선정(treatment ranking)

네트워크 메타분석의 가장 중요한 기능 중의 하나가 치료 간의 비교우위를 선정할 수 있다는 것이다. 다시 말해 치료별 최우선 순위에서 최하위 순위까지 선택될 누적확률을 계산할 수 있다.

```
.ranks_b_con_fe <- rank.probability(mcmc_b_con_fe, preferredDirection = -1)
.print(ranks_b_con_fe)
```

rank.probability 함수에 MCMC 최종 모델을 넣는다. preferredDirection은 효과크기가 작을수록 우수한 것인지 클수록 우수한 것인지에 따라 '–1' 또는 '1' 중에서 방향을 설정한다. 본 사례는 참조치료 대비 효과크기가 작을수록 우수한 것이니 '–1'을 설정하였다.

```
Rank probability; preferred direction = -1
     [,1]    [,2]   [,3]    [,4] [,5]
A 0.0000 0.0000 0.000 0.0000    1
B 0.0000 0.0780 0.755 0.1670    0
C 0.0020 0.9105 0.072 0.0155    0
D 0.0005 0.0090 0.173 0.8175    0
E 0.9975 0.0025 0.000 0.0000    0
```

[그림 2-28] 치료 간 비교우위 선정 테이블

확률 테이블에서 볼 수 있듯이 E(combination)가 best 치료일 경우는 99.7%이다. 2순위에서 선택될 치료로는 C(IV double)가 91.0%이며, 다음으로는 B(IV single), D(topical), A(placebo)의 순위를 보인다[그림 2-28].

```
.plot(ranks_b_con_fe, beside=TRUE)
```

치료 간 비교우위를 그래프로 표현할 수도 있다.

TIP 랜덤효과모형

네트워크 랜덤효과모형 선정에서부터 MCMC 시뮬레이션 실행, 수렴 여부 진단, 일관성 검정, forest plot 생성, 치료 간 비교우위 선정까지 고정효과모형과 동일한 방법으로 분석한다.

- random effect model

```
.model_b_con_re <- mtc.model(network_b_con, linearModel='random',
n.chain = 4)
```

- MCMC simulation

```
.mcmc_b_con_re <- mtc.run(model_b_con_re, n.adapt=5000, n.iter=10000,
thin=1)
.plot(mcmc_b_con_re)
.summary(mcmc_b_con_re)
.gelman.diag(mcmc_b_con_re)
.gelman.plot(mcmc_b_con_re)
```

본 예제의 랜덤효과모형에서는 초기값의 영향을 충분히 제거하고 반복횟수와 추출간격을 늘리면서 MCMC error와 DIC 변화가 최소화되어 변동이 거의 없고 다양한 plot들의 모습이 안정적인 4개의 chain, 5000번의 burn-in, 10000번의 반복, 1개 간격의 추출을 선택하였다.

```
Results on the Mean Difference scale

Iterations = 5001:15000
Thinning interval = 1
Number of chains = 4
Sample size per chain = 10000

1. Empirical mean and standard deviation for each variable,
   plus standard error of the mean:

         Mean      SD Naive SE Time-series SE
d.A.B -265.0  80.39   0.4020         0.6797
d.A.C -380.7  80.60   0.4030         0.6767
d.A.D -252.2  93.44   0.4672         0.7976
d.A.E -485.7 135.25   0.6763         0.9530
sd.d   189.1  49.05   0.2453         0.6930

2. Quantiles for each variable:

          2.5%    25%    50%    75%    97.5%
d.A.B -422.7 -317.1 -266.0 -213.8 -102.70
d.A.C -545.6 -431.6 -379.1 -328.4 -226.12
d.A.D -436.5 -311.3 -252.4 -193.1  -65.87
d.A.E -755.1 -571.3 -486.3 -400.6 -214.24
sd.d   112.5  154.7  182.7  215.7  303.85

-- Model fit (residual deviance):

    Dbar       pD       DIC
40.87671 35.28430 76.16100

39 data points, ratio 1.048, I^2 = 7%
```

MCMC simulation for random effect model. summary(burn-in 5000, iteration 10000, thin 1)

■ 일관성 검정

```
.nodesplit_b_con_re <- mtc.nodesplit(network_b_con,
linearModel='random', n.adapt=5000, n.iter=10000, thin=1)
.plot(nodesplit_b_con_re)
.plot(summary(nodesplit_b_con_re))
```

랜덤효과모형에서도 모든 치료 간에 통계적 유의차를 보이지 않아 본 모델은 일관성을 지지하는
것으로 나타났다.

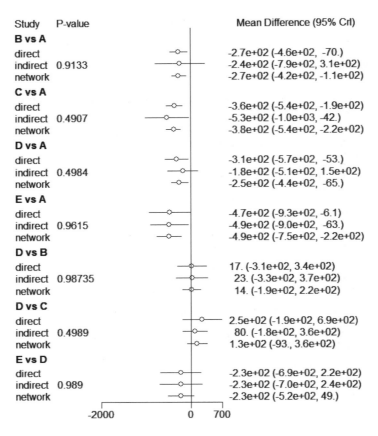

Study	P-value	Mean Difference (95% CrI)
B vs A		
direct		-2.7e+02 (-4.6e+02, -70.)
indirect	0.9133	-2.4e+02 (-7.9e+02, 3.1e+02)
network		-2.7e+02 (-4.2e+02, -1.1e+02)
C vs A		
direct		-3.6e+02 (-5.4e+02, -1.9e+02)
indirect	0.4907	-5.3e+02 (-1.0e+03, -42.)
network		-3.8e+02 (-5.4e+02, -2.2e+02)
D vs A		
direct		-3.1e+02 (-5.7e+02, -53.)
indirect	0.4984	-1.8e+02 (-5.1e+02, 1.5e+02)
network		-2.5e+02 (-4.4e+02, -65.)
E vs A		
direct		-4.7e+02 (-9.3e+02, -6.1)
indirect	0.9615	-4.9e+02 (-9.0e+02, -63.)
network		-4.9e+02 (-7.5e+02, -2.2e+02)
D vs B		
direct		17. (-3.1e+02, 3.4e+02)
indirect	0.98735	23. (-3.3e+02, 3.7e+02)
network		14. (-1.9e+02, 2.2e+02)
D vs C		
direct		2.5e+02 (-1.9e+02, 6.9e+02)
indirect	0.4989	80. (-1.8e+02, 3.6e+02)
network		1.3e+02 (-93., 3.6e+02)
E vs D		
direct		-2.3e+02 (-6.9e+02, 2.2e+02)
indirect	0.989	-2.3e+02 (-7.0e+02, 2.4e+02)
network		-2.3e+02 (-5.2e+02, 49.)

일관성 검정 (랜덤효과모형)

- forest plot

```
.forest(mcmc_b_con_re)
```

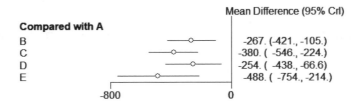

Compared with A   Mean Difference (95% CrI)

B	-267. (-421., -105.)
C	-380. (-546., -224.)
D	-254. (-438., -66.6)
E	-488. (-754., -214.)

forest plot_reference A (랜덤효과모형)

랜덤효과모형에서도 placebo에 대비한 모든 치료별 효과크기(mean difference, 수혈량)가 낮게 나타났으며 95% 신용구간(credible interval)이 겹치지 않는다는 것을 알 수 있다. 특히 병용치료 방법(E, combination)의 경우 placebo뿐만 아니라 정맥1회주사법[B, IV(single)], 정맥2회주사 법[C, IV(double)], 국소도포법[D, topical] 등 모든 치료에 대비해서도 통계적으로 유의하게 수 혈량이 낮음을 알 수 있다.

■ 치료 간 비교우위 선정

```
.ranks_b_con_re <- rank.probability(mcmc_b_con_re,
preferredDirection = -1)
.print(ranks_b_con_re)
.plot(ranks_b_con_re, beside=TRUE)
```

```
Rank probability; preferred direction = -1
       [,1]      [,2]      [,3]      [,4]      [,5]
A 0.000000 0.000025 0.000375 0.008175 0.991425
B 0.010725 0.127625 0.451975 0.408075 0.001600
C 0.219475 0.584800 0.143750 0.051975 0.000000
D 0.012650 0.106900 0.359850 0.514500 0.006100
E 0.757150 0.180650 0.044050 0.017275 0.000875
```

치료 간 비교우위 선정 테이블 (랜덤효과모형)

확률 테이블에서 볼 수 있듯이 E(combination)가 best 치료일 경우는 75.7%이다. 2순위에서 선 택될 치료는 C(IV double)가 58.4%이며, 다음으로는 B(IV single), D(topical), A(placebo)의 순 위를 보인다.

2-3 연속형 예제자료(continuous data)_표준화된 평균의 차이

앞선 2-2 에서 연속형 자료를 이용하여 단순 평균의 차이(mean difference, MD)를 효과 크기로 하는 베이지안 네트워크 메타분석을 실시하였다. 이번에는 표준화된 평균의 차 이(standardized mean difference, SMD)를 효과크기로 하는 분석을 실시해보자. 그러나 "gemtc" 패키지는 연속형 자료일 경우 SMD를 지원하지 않아 MD만 계산 가능하기 때문에 이를 해결하기 위한 방법이 필요하다.

베이지안 네트워크 메타분석에서 "gemtc" 패키지를 이용하여 SMD를 계산하기 위해서는 먼저 원자료(raw data)를 원하는 효과크기 포맷으로 변환한 다음 이를 가지고 분석을 실시해야 한다.

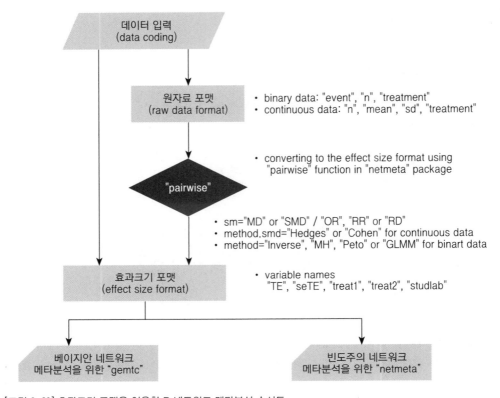

[그림 2-29] 효과크기 포맷을 이용한 R 네트워크 메타분석 순서도

[그림 2-29]에서 원자료를 pairwise 함수를 이용하여 효과크기 포맷으로 변환한 다음 네트워크 메타분석을 실행하는 전체적인 흐름도를 나타내었다. 만약 최초 자료 입력 시 효과크기 포맷(effect size formet)일 경우 해당 변수명만 조절한 다음 바로 분석에 들어갈 수 있다.

[표 2-3] 예제자료를 "con_nms.csv"로 저장하여 작업폴더에 넣어둔다.

1) 효과크기 포맷으로 변환하기

최초 원자료(raw data) 코딩 시 연구자가 직관적으로 이해하기 쉬운 것은 wide 포맷으로 하나의 행에 하나의 연구가 있으며 치료(treatment)와 표본수 등이 세로로 나열되는 것이다. 그러나 네트워크 메타분석에서는 치료를 기준으로 효과크기를 해석할 것이므로 가능하면 long 포맷[표 2-2, 표 2-3] 형태로 코딩하는 것을 추천한다. wide 포맷으로 입력해도 효과크기 포맷으로 변환할 수 있지만 편의를 위해서 long 포맷을 기준으로 설명한다.

R의 pairwise 함수를 사용하여 변환한 효과크기(TE), 표준오차(seTE) 자료형태를 [그림 2-30] generic outcome이라고 표기하는데 이 책에서는 간단히 '효과크기 포맷(effect size format)'이라고 호칭하겠다.

```
.data_con = read.csv("con_nms.csv", header=T)
```

read.csv는 csv 파일을 불러오는 함수로 파일명 "con_nms.csv"를 불러와서 파일의 첫 번째 변수명을 그대로 쓴다는 뜻이다(header=TRUE). 이렇게 로딩된 csv 파일은 R 메모리에서는 data_con이라는 이름의 객체(object)로 저장된다.

```
.colnames(data_con) <- c("studlab","n", "mean", "sd", "treatment")
```

pairwise 함수 사용 시 treatment는 변수명이 고정되어 있어야 하므로 변수명을 변경한다.

```
.library(netmeta)
```

pairwise 함수를 사용하기 위해 netmeta 패키지를 로딩한다.

```
.data_con_es <- pairwise(treatment, n=n, mean=mean, sd=sd, data=data_con,
sm ="SMD", method.smd="Hedges")
```

pairwise 함수로 변환할 때 첫 번째 인자에 treatment가 들어가며 나머지 인자들은 표본수(n), 평균(mean), 표준편차(sd)를 차례대로 위치시킨다. 효과크기 변환 시 가장 중요한 부분은 연구자가 원하는 효과크기로 변환해야 한다는 것이다. 본 예제에서는 Hedges의 표준화된 효과크기(sm = "SMD", method.smd = "Hedges")를 중점적으로 볼 것이며, 만약 MD를 보고자 한다면 sm = "MD"로 옵션을 변경해야 한다.

```
.View(data_con_es)
```

효과크기 포맷으로 변환된 자료를 View 함수로 확인해보면 [그림 2-30]과 같다. 표준오차(seTE) 이후로도 세로로 변수들이 놓여지는데 이는 원자료에서 계산할 때 필요한 부분들이다. [그림 2-30]은 원자료 [표 2-3]의 long 포맷 자료를 치료(treatment) 간의 표준화된 평균차이 SMD 효과크기로 계산한 것이다.

주의해야 할 부분은 Xie 2016과 Yi 2016처럼 3arm 이상일 경우 세 가지 치료 각각의 효과크기 값과 표준오차를 계산해야 한다는 것이다. 만약 pairwise 함수를 사용하지 않고 수동으로 효과크기를 구할 경우 이 부분을 누락하지 않도록 주의해야 한다.

(1) 연속형 자료를 효과크기 포맷으로 변환 후 data.re 형태로 재변환

연속형 예제자료를 pairwise 함수를 사용하여 효과크기 포맷으로 변환한 후 빈도주의 네트워크 메타분석 "netmeta" 패키지에서 지금의 효과크기 포맷을 그대로 활용할 수 있다. 하지만 베이지안 방법의 "gemtc" 패키지에서 네트워크 모델로 셋업할 때는 mtc.network 함수에서 data.re 인자(argument)를 사용하여 데이터를 불러들이는데 이때는 이를 그대로 사용할 수 없다. 따라서 수동으로 약간 변형해주어야 한다.

▲	studlab ⇕	treat1 ⇕	treat2 ⇕	TE ⇕	seTE ⇕
1	Alshryda 2013	D	A	-0.4534687	0.1596882
2	Barrachina 2016	C	A	-0.9694337	0.2482117
3	Benoni 2000	C	A	0.1914193	0.3211762
4	Benoni 2001	B	A	-0.9874465	0.3462214
5	Ekbck 2000	C	A	-1.3473197	0.3537939
6	Fraval 2017	C	A	-0.7105210	0.2054471
7	Garneti 2004	B	A	0.1369089	0.2832022
8	Johansson 2005	B	A	-0.6842338	0.2063526
9	Lemay 2004	C	A	-0.3623918	0.3232715
10	Lee 2013	C	A	-2.3129052	0.3171397
11	Niskanen 2005	C	A	-0.6314501	0.3291169
12	North 2016	C	D	-0.4688426	0.1720239
13	Rajesparan 2009	B	A	-0.5233214	0.2383015
14	Wei 2014	B	A	-1.0622809	0.1508780
15	Wei 2014	B	D	-0.0128306	0.1403757
16	Wei 2014	D	A	-1.0494707	0.1502809
17	Yi 2016	B	A	-0.5924379	0.2045162
18	Yi 2016	B	E	0.6832694	0.2059855
19	Yi 2016	E	A	-1.2757073	0.2201611
20	Xie 2016	B	D	-0.1262974	0.1692042
21	Xie 2016	B	E	0.9671759	0.1789106
22	Xie 2016	D	E	1.0934733	0.1815637
23	Yamasaki 2004	B	A	-0.7051127	0.3269462
24	Yue 2014	D	A	-0.7444214	0.2061399

[그림 2-30] 효과크기 포맷으로 변환 (연속형 예제자료)

```
.write.csv(data_con_es, "con_esformat_data.re.csv")
```

우선 write.csv 함수를 사용하여 pairwise 함수에서 변환한 데이터 data_con_es를 작업폴더에 "con_esformat_data.re.csv"로 저장한다. 이는 [그림 2-30]과 동일하다. 그런 다음 [표 2-4]과 같이 수동으로 효과크기와 표준오차를 재입력하여 "con_esformat_data.re.csv"로 재저장한다.

data.re 형태로 자료를 변경할 때 원칙은 다음과 같다. 첫째, 변수이름은 "study", "treatment", "differ", "std.err"로 변경한다. 둘째, 참조치료(reference)의 효과크기(diff)는 NA(값 입력 안 함)이며 표준오차(std.err)는 0이다. 셋째, Xie 2016과 Yi 2016처럼

3arm 이상일 경우 참조치료는 위의 둘째 원칙을 따르며 나머지 치료는 참조치료와의 비교값만 필요하고 참조치료와의 비교값이 아닌 것은 필요하지 않다.

[그림 2-30]의 효과크기 포맷에서 [표 2-4]의 data.re 형태로 재변환 시 가장 주의를 기울여야 할 것은 효과크기가 반대로 입력되지 않도록 하는 것이다. 개별 연구들에서 참조(reference)를 어떤 치료로 잡을 것인지는 크게 유념하지 않아도 되는데, 개별 연구 내에서 참조치료를 서로 다르게 잡아도 효과크기만 제대로 입력되어 있으면 프로그램에서 자동으로 계산하기 때문이다.

원자료를 효과크기 포맷으로 변환한 후 이를 data.re 인자 형태로 재변환한 것을 최종 정리하면 "con_esformat_data.re.csv"이다. 이는 이어지는 베이지안 네트워크 메타분석을 위한 "gemtc" 패키지에서 사용될 것이다.

[표 2-4] 연속형 예제자료를 효과크기 포맷으로 변환 후 data.re 형태로 재변환

study	treatment	diff	std.err
Alshryda 2013	A	0.453468656	0.159688176
Alshryda 2013	D		0
Barrachina 2016	A	0.969433731	0.248211695
Barrachina 2016	C		0
Benoni 2000	A	−0.19141927	0.321176168
Benoni 2000	C		0
Benoni 2001	A	0.987446452	0.346221423
Benoni 2001	B		0
Ekbck 2000	A	1.347319709	0.353793921
Ekbck 2000	C		0
Fraval 2017	A	0.71052103	0.205447081
Fraval 2017	C		0
Garneti 2004	A	−0.136908873	0.283202179
Garneti 2004	B		0
Johansson 2005	A	0.684233768	0.206352643
Johansson 2005	B		0
Lee 2013	A	2.312905242	0.317139706
Lee 2013	C		0
Lemay 2004	A	0.362391816	0.323271527
Lemay 2004	C		0
Niskanen 2005	A	0.631450065	0.329116943
Niskanen 2005	C		0
North 2016	C	−0.468842614	0.172023923

North 2016	D		0
Rajesparan 2009	A	0.5233214	0.238301514
Rajesparan 2009	B		0
Wei 2014	A	1.06228088	0.150878032
Wei 2014	B		0
Wei 2014	D	0.012830596	0.140375657
Xie 2016	B	−0.126297399	0.169204155
Xie 2016	D		0
Xie 2016	E	−1.093473268	0.181563725
Yamasaki 2004	A	0.705112732	0.326946239
Yamasaki 2004	B		0
Yi 2016	A	0.592437934	0.204516242
Yi 2016	B		0
Yi 2016	E	−0.68326938	0.205985505
Yue 2014	A	0.744421417	0.206139948
Yue 2014	D		0

[표 2-5] 연속형 예제자료를 위한 "gemtc" 패키지 (랜덤효과모형)

issues	function and arguments	others
network set up	· data_con_es_data.re = read.csv("con_esformat_data. re.csv", header=T) · network_b_con <- mtc.network(data.re=data_con_es_ data.re, description="Baysian NMA continuous data") · plot(network_b_con)	effect size format data open for gemtc network plot
network model	· model_b_con_re <- mtc.model(network_b_con, linearModel='random', n.chain=4)	random effect model with 4 chain
mcmc simulation	· mcmc_b_con_re <- mtc.run(model_b_con_re, n.adapt=5000, n.iter=10000, thin=1) · plot(mcmc_b_con_re) · gelman.diag(mcmc_b_con_re) · gelman.plot(mcmc_b_con_re) · summary(mcmc_b_con_re)	adjust number for simulation properly MCMC plot gelman statistics gelman plot
forest plot	· forest(relative.effect(mcmc_b_con_re, t1="A"), digits=3, center.label="Log Odds Ratio")	ref is "A"
consistency test	· nodesplit_b_con_re <- mtc.nodesplit(network_b_ con, linearModel='random', n.adapt=5000, n.iter=10000, thin=1) · plot(summary(nodesplit_b_con_re))	local approach between direct and indirect comparison consistency test plot and p-value
treatment ranking	· ranks_b_con_re <- rank.probability(mcmc_b_con_re, preferredDirection = −1) · print(ranks_b_con_re) · plot(ranks_b_con_re, beside=TRUE)	

(2) 데이터 코딩 및 불러오기

베이지안 네트워크 메타분석을 실행하기 위해 gemtc 패키지를 로딩시킨다.

```
.library(gemtc)
```

다음으로 작업폴더에 넣어둔 예제파일을 R 메모리에 불러온다. 이미 효과크기 포맷으로 변환한 후 gemtc의 data.re 인자에 적합하도록 재변환을 실시한 "con_esformat_data.re.csv"를 불러온다. 참고로 이 자료는 표준화된 효과크기 SMD로 변환한 수치이다.

```
.data_con_es_data.re = read.csv("con_esformat_data.re.csv", header=T)
```

R 메모리에 데이터가 잘 로딩되어 있는지는 View 함수를 이용하여 [표 2-4]과 동일한 데이터를 확인할 수 있다.

```
.View(data_con_es_data.re)
```

2) 네트워크 셋업

mtc.network 함수를 사용하여 네트워크 셋업을 실시한다.

```
.network_b_con <- mtc.network(data.re=data_con_es_data.re,
description="Baysian NMA continuous data")
```

mtc.network 함수의 첫 번째 인자 data.re에 앞서 설정한 data_con_es_data.re를 넣어 network_b_con을 지정한다. description은 단순 설명이다. [표 2-3]의 원자료 형태일 경우 mtc.network 함수의 첫 번째 인자를 data.re 대신 data.ab로 사용할 수 있지만 이때 MD만 표현 가능하며 SMD로는 나타낼 수 없는 단점이 있다.

```
.plot(network_b_con)
```

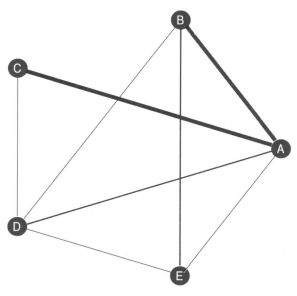

[그림 2-31] 네트워크 plot. A, Placebo; B, IV(single); C, IV(double); D, Topical; E, Combination.

네트워크 plot은 네트워크 메타분석 연구에서 치료들 간의 질적·양적 관계를 가늠할 수 있게 해주므로 반드시 제시되어야 한다[그림 2-31].

```
.summary(network_b_con)
```

summary 명령어를 실시하면 결과창(console)에 네트워크 셋업의 전반적인 상황을 볼 수 있다. 각 치료별 2-arm 또는 3-arm 연구의 개수와 치료별 대응개수도 알 수 있다. 앞의 네트워크 plot을 수치적으로 설명한다고 볼 수 있다.

3) 네트워크 모델

네트워크 셋업이 끝났으면 고정효과모형(fixed effect model) 또는 랜덤효과모형(random effect model)의 네트워크 모델을 설정한다. 편의상 랜덤효과모형을 기준으로 설명한다.

```
.model_b_con_re <- mtc.model(network_b_con, linearModel='random',
n.chain=4)
```

mtc.model 함수에 네트워크 셋업 데이터 network_b_con을 불러들여 랜덤효과모형을 model_b_con_re로 설정한다. n.chain은 이어서 진행할 MCMC 시뮬레이션에서의 chain 수를 나타낸다.

4) MCMC 시뮬레이션과 수렴 여부 진단

(1) MCMC 시뮬레이션 실행

네트워크 모델이 설정되면 MCMC 시뮬레이션을 실시한다. 전반적인 순서는 적정 수준의 시뮬레이션 횟수를 설정하여 실행하고 실행한 결과들의 수렴 여부를 확인하는 것이다.

```
.mcmc_b_con_re <- mtc.run(model_b_con_re, n.adapt=5000, n.iter=10000, thin=20)
```

이에 대한 실행은 summary 명령어를 통해서 실행되며 [그림 2-32]와 같이 나타난다.

```
.summary(mcmc_b_con_re)
```

```
Results on the Mean Difference scale

Iterations = 5020:15000
Thinning interval = 20
Number of chains = 4
Sample size per chain = 500

1. Empirical mean and standard deviation for each variable,
   plus standard error of the mean:

        Mean     SD Naive SE Time-series SE
d.A.B -0.6223 0.1845 0.004125      0.004121
d.A.C -0.8959 0.1860 0.004160      0.004270
d.A.D -0.5671 0.2224 0.004973      0.004975
d.A.E -1.4630 0.3368 0.007530      0.008061
sd.d   0.4473 0.1242 0.002777      0.002745

2. Quantiles for each variable:

        2.5%     25%     50%     75%   97.5%
d.A.B -0.9767 -0.7379 -0.6248 -0.5082 -0.2641
d.A.C -1.2612 -1.0161 -0.8932 -0.7764 -0.5216
d.A.D -0.9834 -0.7120 -0.5651 -0.4280 -0.1258
d.A.E -2.1207 -1.6784 -1.4573 -1.2497 -0.7913
sd.d   0.2471  0.3602  0.4357  0.5206  0.7283

-- Model fit (residual deviance):

   Dbar      pD      DIC
23.43695 17.23114 40.66808

21 data points, ratio 1.116, I^2 = 15%
```

[그림 2-32] MCMC simulation summary (burn-in 5000, iteration 10000, thin 20)

(2) MCMC 시뮬레이션 수렴 여부 진단

MCMC 시뮬레이션이 잘 수렴되었는지 확인하기 위해서 아래 사항들을 복합적으로 확인한다. 상세한 설명은 '**2-2** 연속형 예제자료_평균의 차이'를 참조하기 바란다.

■ MCMC error

몬테카를로 오차([그림 2-36]의 Naive SE & Time-series SE)는 작을수록 높은 정밀도를 나타내어 수렴이 잘 되었다고 판단할 수 있다.

■ DIC(deviance information criterion)

DIC는 모형의 적합도와 복잡성을 동시에 고려한 수치로, 이것이 작을수록 더 나은 모형이라고 할 수 있다.

■ trace plot과 density plot

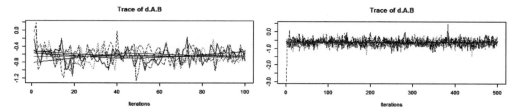

[그림 2-33] 반복 실행횟수에 따른 trace 비교 100회 vs 500회

[그림 2-33]은 burn-in을 실행하지 않은 상태에서 전체 반복 실행횟수 100과 500을 넣은 것이다. 처음 100회(그림 좌)를 실시할 때는 4개의 chain의 변동이 심하고 균등하지 않지만 500회(그림 우) 정도에 이르면 어느 정도 특정 패턴이 없이 균등해진다. 따라서 최소한 채널당 500회 이상은 시뮬레이션을 실시하는 것이 바람직하다. 따라서 초기값의 영향을 제거하기 위한 burn-in은 0-100회까지는 너무 불균등하여 당연히 버려야 하며 적어도 500회는 넘어야 한다. 본 예제에서는 알고리즘의 영향을 최소화하기 위해서 5000회까지는 버리기로 하였다.

burn-in 과정 다음으로 5001부터 추출될 자료의 간격을 선택한다.

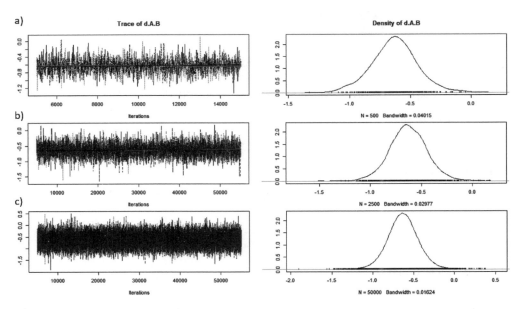

[그림 2-34] 추출간격 iteration과 thin의 조절에 따른 반복 실행횟수의 변화. a) burn-in 5000, iteration 10000, thin 20; b) burn-in 5000, iteration 50000, thin 20; c) burn-in 5000, iteration 50000, thin 1.

[그림 2-34]에서 반복 실행횟수와 추출간격에 따른 변화를 볼 수 있다. 표본의 수가 많아질수록 trace 그림이 더욱 균등한 분포를 보여주며 또한 사후밀도함수(density)가 좀 더 정규분포에 근사한다고 볼 수 있다.

최종 선택된 MCMC 시뮬레이션 모형은 burn-in 5000을 실시하고 반복 실행횟수는 50000회, 자료는 1번째 간격으로 추출하여 채널당 50000개의 표본을 추출하는 것으로 결정하였다[그림 2-34_c].

최종 선택된 모형의 summary 테이블 [그림 2-35]를 이전 테이블 [그림 2-32]와 비교해 보면, 전체 표본수의 증가에 따라 치료그룹 $\overline{AB}$의 MCMC SE가 0.004에서 0.0004 수준으로 낮아져 정밀도가 높아졌다. DIC는 거의 변화가 없는 것으로 나타났다.

```
Results on the Mean Difference scale

Iterations = 5001:55000
Thinning interval = 1
Number of chains = 4
Sample size per chain = 50000

1. Empirical mean and standard deviation for each variable,
   plus standard error of the mean:

         Mean     SD  Naive SE Time-series SE
d.A.B -0.6305 0.1858 0.0004156     0.0005910
d.A.C -0.8981 0.1939 0.0004336     0.0005970
d.A.D -0.5780 0.2220 0.0004964     0.0006546
d.A.E -1.4757 0.3444 0.0007700     0.0010966
sd.d   0.4439 0.1263 0.0002824     0.0007753

2. Quantiles for each variable:

         2.5%     25%     50%     75%   97.5%
d.A.B -0.9985 -0.7492 -0.6319 -0.5133 -0.2576
d.A.C -1.2846 -1.0220 -0.8978 -0.7736 -0.5146
d.A.D -1.0212 -0.7180 -0.5770 -0.4382 -0.1350
d.A.E -2.1569 -1.6961 -1.4768 -1.2567 -0.7870
sd.d   0.2338  0.3566  0.4310  0.5159  0.7288

-- Model fit (residual deviance):

    Dbar      pD      DIC
23.51824 17.17332 40.69156

21 data points, ratio 1.12, I^2 = 15%
```

[그림 2-35] MCMC simulation summary (burn-in 5000, iteration 50000, thin 1)

■ 겔만-루빈 통계량과 plot

```
.gelman.diag(mcmc_b_con_re)
.gelman.plot(mcmc_b_con_re)
```

gelman.diag 명령어는 겔만-루빈 통계량을 콘솔에 표시하며 gelman.plot은 겔만-루빈 plot을 그려준다[그림 2-36]. 시뮬레이션 반복횟수가 커짐에 따라 1에 가깝게 나타나며 변동이 안정화되어야 잘 수렴했다고 할 수 있다.

겔만-루빈 통계량은 채널당 2500개(그림 좌)와 50000개(그림 우)의 표본을 추출한 두 자료 모두 모든 치료에서 1에 근사하여 차이를 보이지 않는다. 그러나 [그림 2-36]을 살펴보면 50000개의 표본을 추출한 오른쪽 plot이 훨씬 안정적으로 1에 근사하여 이를 선택하는 것이 바람직하다.

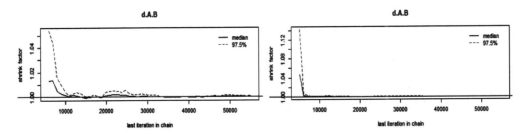

[그림 2-36] 겔만-루빈 통계량과 plot. 좌) burn-in 5000, iteration 50000, thin 20; 우) burn-in 5000, iteration 50000, thin 1.

(3) MCMC 시뮬레이션 최종 모델 선정

■ burn-in 5000, iteration 50000, thin 1

```
.mcmc_b_con_re <- mtc.run(model_b_con_re, n.adapt=5000, n.iter=50000,
thin=1)
.plot(mcmc_b_con_re)
.summary(mcmc_b_con_re)
.gelman.diag(mcmc_b_con_re)
.gelman.plot(mcmc_b_con_re)
```

본 예제의 랜덤효과모형에서는 초기값의 영향을 제거하고 반복횟수와 추출간격을 늘림으로써 MCMC error와 DIC 변화가 최소화되며 plot들의 모습이 안정화되는 최적의 조건으로 4개의 chain, 5000번의 burn-in, 50000번의 반복, 그리고 1개 간격의 추출을 선택하였다.

5) 일관성 검정(consistency test)

네트워크 메타분석의 가정에서 일관성 검정은 네트워크 메타분석 결과의 적용 가능 여부를 판가름하는 매우 중요한 도구이다.

```
.nodesplit_b_con_re <- mtc.nodesplit(network_b_con, linearModel='random',
n.adapt=5000, n.iter=50000, thin=1)
.plot(summary(nodesplit_b_con_re), digits=3, center.label="Standardized
Mean Difference")
```

mtc.nodesplit 함수에 네트워크 셋업 데이터를 넣어서 일관성 검정을 위한 랜덤효과모형 모델 nodesplit_b_con_re를 만든다. 이때 MCMC 시뮬레이션도 같이 실행한다. 치료 간의 변동을 육안으로 쉽게 파악할 수 있으며 모든 개별 치료 간의 일관성 검정 결과를 쉽게 파악할 수 있다. [그림 2-37]을 보면 모든 치료에서 통계적 유의차를 보이지 않아 본

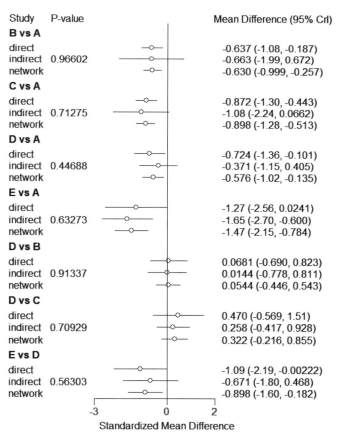

[그림 2-37] 일관성 검정

모델은 일관성을 지지하는 것으로 나타났다. 본 자료의 수치는 최초 효과크기 포맷으로 변환할 때 표준화된 효과크기(SMD)이기 때문에 우측 상단의 mean difference를 해석할 때 주의해야 한다.

6) forest plot

```
.forest(mcmc_b_con_re, digits=3, center.label="Standardized Mean
Difference")
```

forest 함수에 MCMC 시뮬레이션을 통한 최종 모델을 넣으면 참조치료를 A로 하는 forest plot을 생성한다.

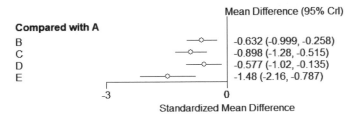

[그림 2-38] forest plot (reference A)

본 자료의 수치는 최초 효과크기 포맷으로 변환할 때 SMD이기 때문에 우측 상단의 mean difference를 해석할 때 주의해야 한다.

```
.forest(relative.effect(mcmc_b_con_re, t1="E"), digits=3, center.
label="Standardized Mean Difference")
```

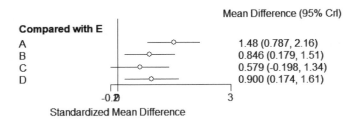

[그림 2-39] forest plot (reference E)

forest 함수 옵션에 t1 = "E"를 추가하면 참조치료를 E로 하는 forest plot을 생성한다 [그림 2–39]. [그림 2–38]에서 알 수 있듯이 forest plot은 각 치료별 효과크기를 직관적으로 비교할 수 있다. placebo에 대비한 모든 치료별 효과크기(SMD, 수혈량)가 낮게 나타났으며 95% 신용구간(credible interval)이 겹치지 않는다는 것을 알 수 있다.

7) 치료 간 비교우위 선정(treatment ranking)

```
.ranks_b_con_re <- rank.probability(mcmc_b_con_re, preferredDirection = -1)
.print(ranks_b_con_re)
```

rank.probability 함수에 MCMC 최종 모델을 넣는다. preferredDirection은 효과크기가 작을수록 우수한 것인지 클수록 우수한 것인지에 따라 '–1' 또는 '1' 중에서 방향을 설정한다. 본 사례는 참조치료 대비 효과크기가 작을수록 우수한 것이기 때문에 '–1'을 설정하였다.

```
Rank probability; preferred direction = -1
    [,1]      [,2]      [,3]      [,4]      [,5]
A 0.000000 0.000015 0.000250 0.008495 0.991240
B 0.002535 0.121720 0.494940 0.379525 0.001280
C 0.063495 0.737415 0.147580 0.051445 0.000065
D 0.003405 0.082790 0.348935 0.557600 0.007270
E 0.930565 0.058060 0.008295 0.002935 0.000145
```

[그림 2-40] 치료 간 비교우위 선정 테이블

확률 테이블에서 볼 수 있듯이 첫 번째에서 선택될 확률은 E(combination)가 93.05% 이다. 두 번째에서 선택될 확률은 C(IV double)가 73.7%이며, 다음으로는 B(IV single), D(topical), A(placebo)의 순위를 보인다[그림 2–40].

```
.plot(ranks_b_con_re, beside=TRUE)
```

치료 간 비교우위를 다음과 같이 그래프로 표현할 수도 있다.

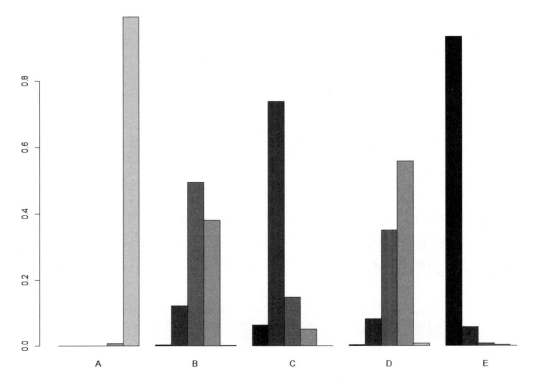

[그림 2-41] 치료 간 비교우위 선정 plot

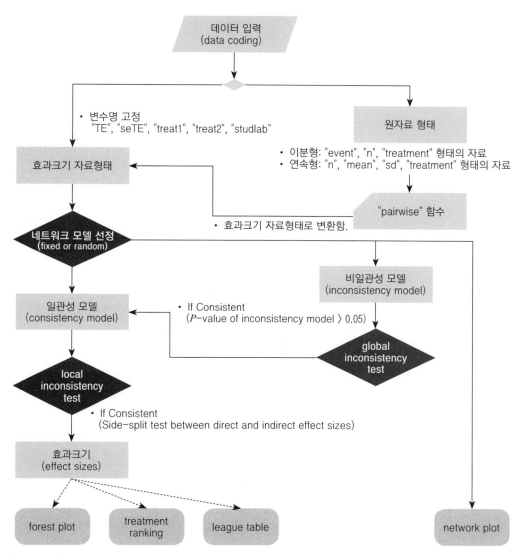

[그림 2-42] R "netmeta" 패키지를 이용한 네트워크 메타분석 순서도

[그림 2-42]는 R의 빈도주의 방법을 이용한 네트워크 메타분석 패키지 netmeta를 활용한 순서도이다. 최초 자료의 형태에 따라 효과크기 자료형태로 변환하며 해당 함수에

적합하도록 변수명을 고정해야 한다. 효과크기 자료형태 → 네트워크 모델 선정(fixed or random) → 최종 모델에서 통계적 추론의 순서로 진행한다.

3-1 이분형 예제자료(binary data)

[표 2-6] 이분형 예제자료를 위한 "netmeta" 패키지 (랜덤효과모형)

issues	function and arguments	others
network model set up	· network_f_bin_re <- netmeta(TE, seTE, treat1, treat2, studlab, data=data_bin_es, sm="OR", reference="A", comb.fixed=FALSE, comb.random=TRUE)	random effect model
network plot	· tname_f_bin <- c("Placebo", "IV(single)", "IV(double)", "Topical", "Combination") · netgraph(network_f_bin_re, labels=tname_f_bin)	treatment description
summary of network model	· summary(network_f_bin_re)	
forest plot	· forest(network_f_bin_re, ref = "A", digits=3, xlab = "Odds Raio")	
consistency test: H0(p>0.05) is consistency	· decomp.design(network_f_bin_re) · print(netsplit(network_f_bin_re), digits=3)	global approach local approach
treatment ranking	· ranks_f_bin_re <- netrank(network_f_bin_re, small.values="good") · print(ranks_f_bin_re, sort=FALSE)	p-score graph

1) 데이터 코딩 및 불러오기

빈도주의 네트워크 메타분석을 실행하기 위해 netmeta 패키지를 로딩시킨다.

```
.library(netmeta)
```

그런 다음 작업폴더에 넣어둔 예제파일을 아래 명령어로 R 메모리에 불러온다. R에서는 쉼표로 구분된 수치파일(csv)의 형태를 선호하니 파일을 미리 해당 포맷으로 저장해서 지정된 작업폴더에 넣어두어야 한다[표 2-2].

```
.data_f_bin = read.csv("bin_dn.csv", header=TRUE)
```

read.csv는 csv 파일을 불러오는 함수로 파일명 "bin_dn.csv"를 불러와서 파일의 첫 번째 변수명을 그대로 쓴다는 뜻이다(header=TRUE). 이렇게 로딩된 csv 파일은 R 메모리에서는 data_f_bin이라는 이름의 객체(object)로 저장된다. 이를 확인해보려면 View 함수에 지정한 데이터를 넣어준다.

```
.View(data_f_bin)
```

netmeta 패키지는 효과크기 자료형태가 "studlab", "TE", "seTE", "treat1", "treat2" 변수명이어야만 실행이 가능하다. 본 예제자료는 원자료 형태이므로 이를 효과크기 자료형태로 변환시켜서 변수명도 일치시켜야 한다.

```
.data_f_bin <- pairwise(trt, event=d, n=n, studlab=study, data=data_f_bin,
sm ="OR" )
```

pairwise 함수에서 첫 번째 치료변수인 trt를 넣어주고 나머지는 빈도수(event=d), 표본수(n=n), 연구이름(studlab=study)을 일치시킨다. 마지막으로 자료를 OR(odds ratio) 또는 RR(relative risk) 중 하나로 설정한다. data_f_bin을 다시 열어보면 "study", "d", "n", "trt"에서 변경된 것을 알 수 있을 것이다[그림 2-43].

	studlab	treat1	treat2	TE	seTE
1	Alshryda 2013	A	D	1.1966735	0.4134357
2	Barrachina 2016	A	C	1.5830047	0.6294099
3	Benoni 2000	A	C	1.5224265	0.7201992
4	Benoni 2001	A	B	0.8472979	0.7278474
5	Claeys 2007	A	B	2.0971411	1.1361016
6	Fraval 2017	A	C	1.8769173	1.0996804
7	Hsu 2015	A	C	1.7917595	0.8333333
8	Husted 2003	A	C	1.5781854	0.8805315
9	Johansson 2005	A	B	1.3184169	0.4769199
10	Kazemi 2010	A	B	1.1478025	0.5552903

[그림 2-43] 데이터 변수명 변경

pairwise 함수를 사용하지 않고 원자료가 효과크기(TE)와 표준오차(seTE) 형태의 자료일 때는 치료 간 모두 비교된 효과크기와 표준오차가 있어야 한다. 즉, 동일 연구 내에서 치료(treatment)가 둘 이상일 경우 필요한 짝지은 비교(pairwise comparisions)는 $t*(t-1)/2$이다. 치료가 3개면 $3*(3-1)/2=3$개의 짝지은 비교가 필요하다.

본 예제에서 Yi 2016, Xie 2016은 각 3개의 치료를 가지고 있기에 공변량 계산을 위해서 추가적인 짝지은 비교값이 있어야 한다. 예를 들어 Yi 2016은 3개의 치료(A, B, E)가 있으므로 3개의 짝지은 비교값($\overline{AB}, \overline{AE}, \overline{BE}$)이 있어야 오류 없이 분석을 시행할 수 있다.

TIP 이분형 자료의 각 셀에 '0'이 있을 경우?

이분형 자료의 경우 OR과 RR을 각 TP(진양성), FP(위양성), FN(위음성), TN(진음성)으로 계산하는데 만약 여기서 '0'이 있을 경우 분자나 분모에 '0'이 대입되어 계산 불능에 빠진다. 이런 경우에는 Stata 네트워크 메타분석 모델처럼 netmeta 함수에서도 해당 연구 내에서 모든 치료의 각 셀(TP, FP, FN, TN)마다 0.5를 추가하여 보정한 후 계산한다.

예를 들면 Xie 2016의 E 치료는 d(0.5), non-disease(70.5)이니까 n(71)이 되며, 마찬가지로 D는 d(4.5), non-disease(66.5)이니까 n(71); B는 d(3.5), non-disease(67.5)이니까 n(71)로 보정한 후 각 치료별 효과크기를 계산한다. 이처럼 0셀을 보정해주는 것을 augmented 방법이라고하며 pairwise 함수에서 incr=0.5 인자를 사용하여 조절할 수 있다.

2) 네트워크 모델

효과크기 자료형태로의 변환이 완료되었으면 고정효과모형(fixed effect model) 또는 랜덤효과모형(random effect model)의 네트워크 모델을 설정한다.

```
.network_f_bin_fe <- netmeta(TE, seTE, treat1, treat2, studlab, data = data_
f_bin, sm="OR", reference="A", comb.fixed=TRUE, comb.random=FALSE)
.network_f_bin_re <- netmeta(TE, seTE, treat1, treat2, studlab, data = data_
f_bin,, sm="OR", reference="A", comb.fixed=FALSE, comb.random=TRUE)
```

netmeta 함수에 효과크기(TE), 표준오차(seTE), 치료1(treat1), 치료2(treat2), 연구명(studlab), 그리고 data_f_bin을 불러들여 고정효과모형과 랜덤효과모형을 각각 network_f_bin_fe와 network_f_bin_re로 네트워크 모델을 설정한다.

(1) 네트워크 plot

네트워크 plot에 치료명을 넣어주기 위해서 tname_f_bin을 치료명으로 설정한다. netgraph 함수에 network_f_bin_fe 또는 network_f_bin_re를 넣어서 네트워크를 구성하는 치료그룹 간의 직접비교(direct comparison) 관계를 도식화해서 보여준다. 각 node를 연결하는 엣지(edge)의 굵기는 데이터의 양을 의미한다. 네트워크 plot은 네트워크 메타분석 연구에서 치료들 간의 질적·양적 관계를 가늠할 수 있게 해주므로 반드시 제시되어야 한다[그림 2-44]. 네트워크 plot은 고정효과모형과 랜덤효과모형에서 동일하다.

```
.tname_f_bin <- c("Placebo", "IV(single)", "IV(double)", "Topical",
"Combination")
.netgraph(network_f_bin_fe, labels=tname_f_bin)
```

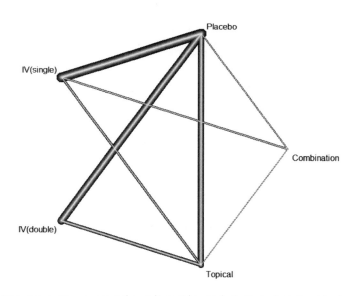

[그림 2-44] 네트워크 plot. A, Placebo; B, IV(single); C, IV(double); D, Topical; E, Combination.

(2) 네트워크 모델 요약추정치

네트워크 모델이 설정되면 summary 명령어로 해당 모델에 대한 전반적인 요약을 볼 수 있다[그림 2-45].

```
.summary(network_f_bin_fe)
.summary(network_f_bin_re)
```

전체 연구는 21개이며, 치료 개수는 5개, 짝지은 직접비교는 25개, 연구디자인은 6개 ($\overline{AB}, \overline{AC}, \overline{AD}, \overline{AE}, \overline{BDE}, \overline{ABE}$)임을 확인할 수 있다. 또한 참조변수를 A로 하였으며 효과크기는 OR로 나타내었다. 본 예제에서는 연구 간 분산(tau)이 0이어서 두 모델의 효과크기가 동일하다.

```
Number of studies: k = 21
Number of treatments: n = 5
Number of pairwise comparisons: m = 25
Number of designs: d = 6

Fixed effect model

Treatment estimate (sm = 'OR', comparison: other treatments vs 'A'):
      OR          95%-CI
A       .         .
B 0.2725 [0.1861; 0.3991]
C 0.2291 [0.1459; 0.3597]
D 0.3294 [0.1975; 0.5495]
E 0.0330 [0.0062; 0.1752]

Random effects model

Treatment estimate (sm = 'OR', comparison: other treatments vs 'A'):
      OR          95%-CI
A       .         .
B 0.2725 [0.1861; 0.3991]
C 0.2291 [0.1459; 0.3597]
D 0.3294 [0.1975; 0.5495]
E 0.0330 [0.0062; 0.1752]

Quantifying heterogeneity / inconsistency:
tau^2 = 0; I^2 = 0%
```

[그림 2-45] 네트워크 모델 summary

3) 일관성 검정(consistency test)

네트워크 메타분석의 가정에서 일관성 검정은 네트워크 메타분석 결과의 적용 가능 여부를 판가름하는 매우 중요한 도구이다.

(1) 전체 모델별 접근(global approach)

각각의 연구디자인별 비일관성 모델의 회귀계수를 계산한 후 Wald test로 전체 모델에 대한 회귀계수들의 선형성을 검정한다. Stata 네트워크 메타분석 모델(design-by-treatment interaction random effects model)과 동일한 전체 모델별 일관성 검정을 실시한다. 고정효과모형과 랜덤효과모형 둘 다 동일한 결과를 나타낸다.

```
.decomp.design(network_f_bin_re)
```

```
      Q statistic to assess consistency under the assumption of
      a full design-by-treatment interaction random effects model

                        Q df p-value tau.within tau2.within
      Between designs 0.22  4  0.9942          0           0
```

[그림 2-46] 전체 모델별 일관성 검정

전체 모델별 일관성 검정 결과 p-value 0.9942는 귀무가설인 일관성을 지지하므로 본 네트워크 모델을 받아들이는 데 무리가 없다[그림 2-46].

(2) 개별 치료별 접근(local approach)

```
.print(netsplit(network_f_bin_re), digits=3)
```

netsplit 함수에 네트워크 모델을 넣어서 각 치료별 일관성 검정을 실시한다. dgits=3은 편의상 소수점 셋째 자리까지만 표시하라는 의미이다. 랜덤효과모형으로 분석하면 고정효과모형과 랜덤효과모형을 한번에 확인할 수 있다. 본 예제에서는 연구 간 분산(tau)이 0이어서 두 모형의 차이가 없다. 모든 치료별 비교에서 p-value가 통계적으로 유의하지 않아 비일관성을 보이지 않으므로 다시 한 번 일관성 모델을 지지한다.

```
Fixed effect model:

comparison k prop    nma direct  indir.   RoR      z p-value
       B:A 8 0.94 0.273  0.274   0.249 1.100   0.12  0.9064
       C:A 8 0.84 0.229  0.237   0.193 1.227   0.33  0.7438
       D:A 3 0.65 0.329  0.308   0.374 0.824  -0.35  0.7243
       E:A 1 0.66 0.033  0.033   0.032 1.025   0.01  0.9891
       B:C 0    0 1.190      .   1.190     .      .       .
       B:D 1 0.18 0.827  0.766   0.841 0.911  -0.12  0.9081
       B:E 2 0.94 8.254  8.599   4.265 2.016   0.19  0.8476
       C:D 1 0.38 0.695  0.613   0.752 0.815  -0.33  0.7438
       C:E 0    0 6.937      .   6.937     .      .       .
       D:E 1 0.34 9.977  9.541  10.208 0.935  -0.04  0.9708

Random effects model:

comparison k prop    nma direct  indir.   RoR      z p-value
       B:A 8 0.94 0.273  0.274   0.249 1.100   0.12  0.9064
       C:A 8 0.84 0.229  0.237   0.193 1.227   0.33  0.7438
       D:A 3 0.65 0.329  0.308   0.374 0.824  -0.35  0.7243
       E:A 1 0.66 0.033  0.033   0.032 1.025   0.01  0.9891
       B:C 0    0 1.190      .   1.190     .      .       .
       B:D 1 0.18 0.827  0.766   0.841 0.911  -0.12  0.9081
       B:E 2 0.94 8.254  8.599   4.265 2.016   0.19  0.8476
       C:D 1 0.38 0.695  0.613   0.752 0.815  -0.33  0.7438
       C:E 0    0 6.937      .   6.937     .      .       .
       D:E 1 0.34 9.977  9.541  10.208 0.935  -0.04  0.9708
```

[그림 2-47] 개별 치료별 일관성 검정

4) forest plot

네트워크 메타분석을 통해서 치료그룹별 효과크기를 한눈에 알아볼 수 있도록 도식화해서 비교한다.

```
.forest(network_f_bin_fe, ref = "A", digits=3, xlab = "Odds Raio")
.forest(network_f_bin_re, ref = "A", digits=3, xlab = "Odds Raio")
```

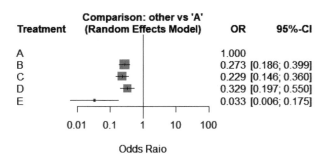

[그림 2-48] forest plot

forest 함수에 설정한 네트워크 모델을 넣어주고 참조치료로 "A"를 설정한다. digits는 소수점 이하 자리수를 설정하는 것이고 xlab은 x축에 대한 설명이다[그림 2-48]. 참조 치료를 변경하려면 ref에 다른 치료를 넣어주면 된다. 본 예제에서는 연구 간 분산(tau)이 0이어서 두 모델의 효과크기가 동일하다.

[그림 2-48]에서 알 수 있듯이 forest plot을 통해 각 치료별 효과크기를 직관적으로 비교할 수 있다. placebo에 대비한 모든 치료별 효과크기(OR, 수혈률)가 낮게 나타났으며 95% 신뢰구간(confidential interval)이 겹치지 않는다는 것을 알 수 있다.

특히 병용치료방법(E, combination)의 OR 0.033(0.006, 0.175)은 placebo뿐만 아니라 정맥1회주사법[B, IV(single)] OR 0.273(0.186, 0.399), 정맥2회주사법[C, IV(double)] OR 0.229(0.146, 0.360), 국소도포법[D, topical] OR(0.329(0.197, 0.550) 등 모든 치료에 대비해서도 통계적으로 유의하게 수혈률이 낮음을 알 수 있다.

5) 치료 간 비교우위 선정(treatment ranking)

네트워크 메타분석의 가장 중요한 기능 중의 하나가 치료 간의 비교우위를 선정할 수 있다는 것이다. 다시 말해 치료별 최우선 순위에서 최하위 순위까지 선택될 누적확률을 계산할 수 있다.

```
.ranks_f_bin_fe <- netrank(network_f_bin_fe, small.values="good")
.print(ranks_f_bin_fe, sort=FALSE)
.ranks_f_bin_re <- netrank(network_f_bin_re, small.values="good")
.print(ranks_f_bin_re, sort=FALSE)
```

netrank 함수에 네트워크 모델을 넣어준다. 효과크기가 작을수록 우수하다면 small. values에 good을 넣어주고 클수록 우수하다면 bad로 설정한다. 본 사례는 참조치료 대비 효과크기가 작을수록 우수한 것이니 good을 설정하였다.

```
         P-score
A   0.0000
B   0.5040
C   0.6543
D   0.3480
E   0.9938
```

[그림 2-49] 치료 간 비교우위 선정 테이블

확률 테이블에서 볼 수 있듯이 E(combination)가 best 치료일 경우는 99.38%이다.
2순위로 선택될 치료인 경우는 C(IV double)가 65.43%이며, 다음으로는 B(IV single),
D(topical), A(placebo)의 순위를 보인다[그림 2-49].

3-2 연속형 예제자료(continuous data)

1) 데이터 코딩 및 불러오기

빈도주의 네트워크 메타분석을 실행하기 위해 netmeta 패키지를 로딩시킨다.

```
.library(netmeta)
```

그런 다음 작업폴더에 넣어둔 예제파일을 아래 명령어로 R 메모리에 불러온다. R에서
는 쉼표로 구분된 수치파일(csv)의 형태를 선호하니 파일을 미리 해당 포맷으로 저장해서
지정된 작업폴더에 넣어두어야 한다[표 2-3].

```
.data_f_con = read.csv("con_nms.csv", header=TRUE)
```

read.csv는 csv 파일을 불러오는 함수로 파일명 "con_nms.csv"를 불러와서 파일의 첫
번째 변수명을 그대로 쓴다는 뜻이다(header=TRUE). 이렇게 로딩된 csv 파일은 R 메모
리에서는 data_f_con이라는 이름의 객체(object)로 저장된다.

```
.colnames(data_f_con) <- c("studlab","n", "mean", "sd", "treatment")
```

pairwise 함수 사용 시 treatment는 변수명이 고정되어 "colnames" 함수를 이용하여 변수명을 변경한다.

```
.data_f_con <- pairwise(treatment, n=n, mean=mean, sd=sd, data=data_f_
con, studlab=studlab, sm="MD")
```

pairwise 함수로 변환할 때 첫 번째 인자에 treatment가 들어가며 나머지 인자들은 표본수(n), 평균(mean), 표준편차(sd)를 차례대로 위치시킨다. 효과크기 변환 시 가장 중요한 부분은 연구자가 원하는 효과크기로 변환해야 한다는 것이다. 본 예제에서는 MD를 중점적으로 볼 것이며, Hedges의 표준화된 효과크기 SMD를 보고자 한다면 옵션에서 sm = "SMD", method.smd = "Hedges"로 변경해야 한다.

[표 2-7] 연속형 예제자료를 위한 "netmeta" 패키지 (random effect model)

issues	function and arguments	others
network model set up	· network_f_con_re <- netmeta(TE, seTE, treat1, treat2, studlab, data=data_f_con, sm="MD", reference="A", comb.fixed=FALSE, comb.random=TRUE)	random effect model
network plot	· tname_f_con <- c("Placebo", "IV(single)", "IV(double)", "Topical", "Combination") · netgraph(network_f_con_re, labels=tname_f_con)	treatment description
summary of network model	· summary(network_f_con_re)	
forest plot	· forest(network_f_con_re, ref = "A", digits=3, xlab = "Standardized Mean Differnce")	
consistency test : H0(p>0.05) is consistency	· decomp.design(network_f_con_re) · print(netsplit(network_f_con_re), digits=3)	global approach local approach
treatment ranking	· ranks_f_con_re <- netrank(network_f_con_re, small. values="good") · print(ranks_f_con_re, sort=FALSE)	p-score graph

pairwise 함수를 사용하지 않고 원자료가 효과크기(TE)와 표준오차(seTE) 형태의 자료일 때는 치료 간 모두 비교된 효과크기와 표준오차가 있어야 한다. 즉, 동일 연구 내에서 치료(treatment)가 둘 이상일 경우 필요한 짝지은 비교(pairwise comparisions)는 $t*(t-1)/2$이다. 치료가 3개면 $3*(3-1)/2=3$개의 짝지은 비교가 필요하다.

본 예제에서 Wei 2014, Yi 2016, Xie 2016은 각 3개의 치료를 가지고 있기에 공변량 계산을 위해서 추가로 짝지은 비교값이 있어야 한다. 예를 들어 Yi 2016은 3개의 치료(A, B, E)가 있으므로 3개의 짝지은 비교값($\overline{AB}$, $\overline{AE}$, $\overline{BE}$)이 있어야 오류 없이 분석을 시행할 수 있다.

2) 네트워크 모델

효과크기 자료형태로의 변환이 완료되었으면 고정효과모형(fixed effect model) 또는 랜덤효과모형(random effect model)의 네트워크 모델을 설정한다.

```
.network_f_con_fe <- netmeta(TE, seTE, treat1, treat2, studlab, data=data_
f_con, sm="MD", reference="A", comb.fixed=TRUE, comb.random=FALSE)
.network_f_con_re <- netmeta(TE, seTE, treat1, treat2, studlab, data=data_
f_con, sm="MD", reference="A", comb.fixed=FALSE, comb.random=TRUE)
```

netmeta 함수에 효과크기(TE), 표준오차(seTE), 치료1(treat1), 치료2(treat2), 연구명(studlab), 그리고 data_f_con을 불러들여 고정효과모형과 랜덤효과모형을 각각 network_f_con_fe와 network_f_con_re로 네트워크 모델을 설정한다.

(1) 네트워크 plot

네트워크 plot에 치료명을 넣어주기 위해서 tname_f_con을 치료명으로 설정한다. netgraph 함수에 network_f_con_fe 또는 network_f_con_re를 넣어서 네트워크를 구성하는 치료그룹 간의 직접비교(direct comparison) 관계를 도식화해 보여준다. 각 node를 연결하는 엣지(edge)의 굵기는 데이터의 양을 의미한다. 네트워크 plot은 네트워크 메타분석 연구에서 치료들 간의 질적·양적 관계를 가늠할 수 있게 해주므로 반드시 제시되어야 한다. 네트워크 plot은 고정효과모형과 랜덤효과모형에서 동일하다.

```
.tname_f_con <- c("Placebo", "IV(single)", "IV(double)", "Topical",
"Combination")
.netgraph(network_f_con_fe, labels=tname_f_con)
```

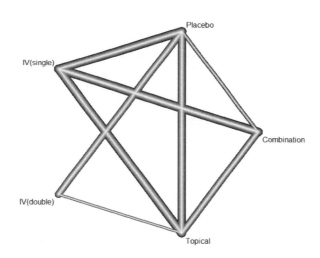

[그림 2-50] 네트워크 plot. A, Placebo; B, IV(single); C, IV(double); D, Topical; E, Combination.

(2) 네트워크 모델 요약추정치

네트워크 모델이 설정되면 summary 명령어로 해당 모델에 대한 전반적인 요약을 볼 수 있다[그림 2-51].

```
.summary(network_f_con_fe)
.summary(network_f_con_re)
```

전체 연구는 18개이며, 치료의 개수는 5개, 짝지은 직접비교는 24개, 연구디자인은 7개
($\overline{AB}, \overline{AC}, \overline{AD}, \overline{AE}, \overline{BDE}, \overline{ABE}, \overline{ABD}$)임을 확인할 수 있다. 또한 참조변수를 A로 하였으며
효과크기는 MD로 나타내었다. 고정효과모형[그림 2-51]과 랜덤효과모형[그림 2-52]은
효과크기에서만 차이를 나타낼 뿐 전체 요약치는 동일하다.

```
Number of studies: k = 18
Number of treatments: n = 5
Number of pairwise comparisons: m = 24
Number of designs: d = 7

Fixed effect model

Treatment estimate (sm = 'MD', comparison: other treatments vs 'A'):
        MD                95%-CI
A          .
B -301.9612 [-356.1253; -247.7971]
C -361.1956 [-427.5314; -294.8598]
D -275.8638 [-330.0462; -221.6814]
E -510.5613 [-577.9431; -443.1795]

Quantifying heterogeneity / inconsistency:
tau^2 = 24377.0073; I^2 = 79.6%

Tests of heterogeneity (within designs) and inconsistency (between designs):
                    Q d.f.  p-value
Total           83.51   17 < 0.0001
within designs  68.89   11 < 0.0001
Between designs 14.62    6   0.0234
```

[그림 2-51] 네트워크 모델 summary (고정효과모형)

```
Number of studies: k = 18
Number of treatments: n = 5
Number of pairwise comparisons: m = 24
Number of designs: d = 7

Random effects model

Treatment estimate (sm = 'MD', comparison: other treatments vs 'A'):
        MD                95%-CI
A          .
B -269.0301 [-400.5087; -137.5515]
C -375.4555 [-509.3675; -241.5435]
D -253.9369 [-405.4452; -102.4286]
E -488.6594 [-705.3780; -271.9407]

Quantifying heterogeneity / inconsistency:
tau^2 = 24377.0073; I^2 = 79.6%

Tests of heterogeneity (within designs) and inconsistency (between designs):
                    Q d.f.  p-value
Total           83.51   17 < 0.0001
within designs  68.89   11 < 0.0001
Between designs 14.62    6   0.0234
```

[그림 2-52] 네트워크 모델 summary (랜덤효과모형)

3) 일관성 검정(consistency test)

네트워크 메타분석의 가정에서 일관성 검정은 네트워크 메타분석 결과의 적용 가능 여부를 판가름하는 매우 중요한 도구이다.

(1) 전체 모델별 접근(global approach)

각각의 연구디자인별 비일관성 모델의 회귀계수를 계산한 후 Wald test로 전체 모델에 대한 회귀계수들의 선형성을 검정한다.

```
.decomp.design(network_f_con_re)
```

```
Q statistic to assess consistency under the assumption of
a full design-by-treatment interaction random effects model

                    Q  df  p-value  tau.within  tau2.within
Between designs  0.78   6   0.9927    237.5092    56410.6345
```

[그림 2-53] 전체 모델별 일관성 검정

전체 모델별 일관성 검정 결과 p–value 0.9927은 귀무가설인 일관성을 지지하므로 본 네트워크 모델을 받아들이는 데 무리가 없다.

(2) 개별 치료별 접근(local approach)

```
.print(netsplit(network_f_con_fe), digits=3)
.print(netsplit(network_f_con_re), digits=3)
```

netsplit 함수에 네트워크 모델을 넣어서 각 치료별 일관성 검정을 실시한다. dgits＝3은 편의상 소수점 셋째 자리까지만 표시하라는 의미이다.

우선 고정효과모형의 경우 연구 간 분산을 고려하지 않고 분석한 결과 베이지안 메타분석에서의 고정효과모형과 동일하게 A vs C의 p–value는 0.0403, D vs C의 p–value는 0.0403으로 일관성이 없는 것으로 나타났다. 따라서 C와 비교값을 해석할 때는 주의를 기울여야 한다. 랜덤효과모형의 경우 모든 치료별 비교에서 p-value가 통계적으로 유의하지 않아 비일관성을 보이지 않으므로 다시 한 번 일관성 모델을 지지한다.

```
Fixed effect model:

comparison k prop      nma   direct   indir.     Diff      z p-value
      B:A 7 0.74 -301.961 -314.085 -267.002  -47.083  -0.74  0.4563
      C:A 7 0.87 -361.196 -334.336 -540.548  206.212   2.05  0.0403
      D:A 3 0.63 -275.864 -311.601 -215.526  -96.075  -1.68  0.0930
      E:A 1 0.22 -510.561 -470.500 -521.937   51.437   0.62  0.5346
      B:C 0    0   59.234        .   59.234        .      .       .
      B:D 2 0.77  -26.097  -20.622  -44.855   24.233   0.36  0.7182
      B:E 2 0.90  208.600  215.531  148.334   67.197   0.71  0.4792
      C:D 1 0.21  -85.332 -247.700  -41.488 -206.212  -2.05  0.0403
      C:E 0    0  149.366        .  149.366        .      .       .
      D:E 1 0.75  234.698  234.370  235.691   -1.321  -0.02  0.9855

Random effects model:

comparison k prop      nma   direct   indir.     Diff      z p-value
      B:A 7 0.87 -269.030 -276.412 -219.721  -56.690  -0.28  0.7761
      C:A 7 0.88 -375.455 -354.796 -529.354  174.558   0.83  0.4092
      D:A 3 0.60 -253.937 -310.932 -167.921 -143.012  -0.91  0.3651
      E:A 1 0.41 -488.659 -470.500 -501.350   30.850   0.14  0.8908
      B:C 0    0  106.425        .  106.425        .      .       .
      B:D 2 0.55  -15.093  -16.412  -13.455   -2.956  -0.02  0.9864
      B:E 2 0.83  219.629  228.059  177.712   50.347   0.18  0.8601
      C:D 1 0.28 -121.519 -247.700  -73.142 -174.558  -0.83  0.4092
      C:E 0    0  113.204        .  113.204        .      .       .
      D:E 1 0.52  234.722  234.370  235.112   -0.742  -0.00  0.9975
```

[그림 2-54] 개별 치료별 일관성 검정

TIP 일관성 검정을 만족하지 못한다면?

일관성 검정을 만족하지 못한다면 혼합비교(MTC) 모델의 가정에 위배된다. 따라서 일관성을 보이지 않는다면 참조치료에 대비한 개별 치료별 효과크기를 동일 연구디자인 내에서만 해석해야 한다. 그러나 이런 경우라면 네트워크 형성이 불완전해지기 때문에 사실상 네트워크 메타분석이라고 할 수 없다.

본 예제 자료의 고정효과모형은 "gemtc"를 이용한 베이지안 네트워크 메타분석과 "netmeta"를 이용한 빈도주의 네트워크 메타분석에서 모두 일관성 검정이 불완전하므로 일관성 검정을 만족하는 랜덤효과모형으로 추정하는 것이 보다 바람직하다.

4) forest plot

```
.forest(network_f_con_fe, ref = "A", digits=3, xlab = "Mean Difference")
.forest(network_f_con_re, ref = "A", digits=3, xlab = "Mean Difference ")
```

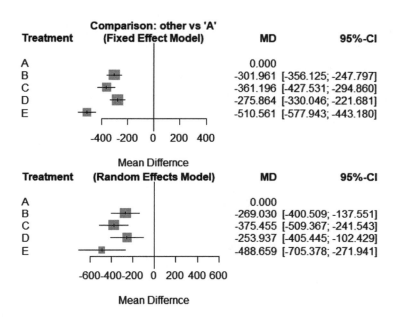

[그림 2-55] forest plot

forest 함수에 설정한 네트워크 모델을 넣어주고 참조치료로 "A"를 설정한다. digits는 소수점 이하 자리수를 설정하는 것이고 xlab은 x축에 대한 설명이다[그림 2-55]. 참조치료를 변경하려면 ref에 다른 치료를 넣어주면 된다.

[그림 2-48]에서 알 수 있듯이 forest plot을 통해 각 치료별 효과크기를 직관적으로 비교할 수 있다. 고정효과모형이 랜덤효과모형보다는 전반적으로 효과크기가 높게 형성된 것을 볼 수 있다. placebo에 대비한 모든 치료별 효과크기(MD, 수혈량)가 낮게 나타났으며 95% 신뢰구간(confidential interval)이 겹치지 않은 것을 알 수 있다. 특히 병용치료방법(E, combination)은 placebo뿐만 아니라 정맥1회주사법[B, IV(single)], 정맥2회주사법 [C, IV(double)], 국소도포법[D, topical] 등 모든 치료에 대비해서도 통계적으로 유의하게 수혈량이 낮음을 알 수 있다.

5) 치료 간 비교우위 선정(treatment ranking)

```
.ranks_f_con_fe <- netrank(network_f_con_fe, small.values="good")
.print(ranks_f_con_fe, sort=FALSE)
.ranks_f_con_re <- netrank(network_f_con_re, small.values="good")
.print(ranks_f_con_re, sort=FALSE)
```

netrank 함수에 네트워크 모델을 넣어준다. 효과크기가 작을수록 우수하다면 small. values에 good을 넣어주고 클수록 우수하다면 bad로 설정한다. 본 사례는 참조치료 대비 효과크기가 작을수록 우수한 것이니 good을 설정하였다.

	Fixed effect model		Random effect model
	P-score		P-score
A	0.0000	A	0.0001
B	0.4763	B	0.4292
C	0.7250	C	0.7400
D	0.2989	D	0.3878
E	0.9998	E	0.9429

[그림 2-56] 치료 간 비교우위 선정 테이블

확률 테이블에서 볼 수 있듯이 E(combination)가 best 치료일 확률이 가장 높게 나왔으며, 다음으로 C(IV double), B(IV single), D(topical), A(placebo)의 순위를 보인다.

4-1 효과크기 비교

[표 2-8] 네트워크 메타분석 효과크기 비교

Data type	Treatment	Frequentist approach			Bayesian approach[*]	
		STATA[†]	R "nemeta" package		R "gemtc" package	
			Fixed	Random	Fixed	Random
Binary	A	Ref.	Ref.	Ref.	Ref.	Ref.
OR(95% CI)	B	0.273(0.186, 0.399)	0.273(0.186, 0.399)	0.273(0.186, 0.399)	0.263(0.181, 0.379)	0.264(0.173, 0.399)
	C	0.229(0.146, 0.360)	0.229(0.146, 0.360)	0.229(0.146, 0.360)	0.220(0.138, 0.346)	0.220(0.138, 0.357)
	D	0.329(0.197, 0.550)	0.329(0.197, 0.550)	0.329(0.197, 0.550)	0.324(0.193, 0.534)	0.322(0.180, 0.551)
	E	0.033(0.006, 0.175)	0.033(0.006, 0.175)	0.033(0.006, 0.175)	0.0155(0.00069, 0.0894)	0.0141(0.000213, 0.0834)
Continuous	A	Ref.	Ref.	Ref.	Ref.	Ref.
MD(95% CI)	B	−267.256(−409.021, −125.491)	−301.961(−356.125, −247.797)	−269.030(−400.509, −137.551)	−302(−356, −249)	−267(−421, −105)
	C	−378.419(−522.906, −233.932)	−361.196(−427.531, −294.880)	−375.455(−509.367, −241.543)	−361(−428, −294)	−380(−546, −224)
	D	−253.739(−418.141, −89.338)	−275.864(−330.046, −221.681)	−253.937(−405.445, −102.429)	−276(−329, −222)	−254(−438, −66.6)
	E	−484.748(−723.816, −251.678)	−510.561(−577.943, −443.180)	−488.659(−705.378, −271.941)	−511(−577, −443)	−488(−754, −214)

A, Placebo; B, IV(single); C, IV(double); D, Topical; E, Combination. *, Effect size(95% CrI); †, design-by-treatment interaction model

Stata에서 사용하는 네트워크 메타분석은 회귀분석에 기초한 design by treatment interaction model로서 연구 간 이질성(heterogeneity)과 연구디자인 간 비일관성(inconsistency)을 동시에 고려한 모형이다(White, 2015). 반면 R의 "netmeta" 패키지에서는 이를 약간 변형한 electrical network model을 사용한다(Rucker, 2012; Rucker & Schwarzer, 2014). Stata 모델은 최종 효과크기를 산출하는 일관성모형(consistency model)에서 연구 내 변량과 연구 간 변량을 동시에 고려하기 때문에 "netmeta"의 랜덤효과모형(random effect model)과 동일한 방법이라고 할 수 있다.

우선 이분형 예제자료를 살펴보자. 빈도주의 방법에서는 연구 간 분산(tau)이 0이어서 랜덤효과모형과 고정효과모형이 동일한 값을 나타내며 이는 결국 Stata와 동일한 값이다. 마찬가지로 베이지안 방법에서도 두 모형은 유사한 값을 나타내며 빈도주의 방법과 거의 일치하는 결과를 보인다.

연속형 예제를 살펴보면 빈도주의 방법에서 Stata의 값과 R "netmeta"의 랜덤효과모형은 거의 일치된 결과를 나타낸다. 반면 R "netmeta"의 고정효과모형은 효과크기가 조금 더 크게 계산되었다는 것을 알 수 있다. 베이지안 방법에서 R "gemtc"의 랜덤효과모형은 빈도주의 방법과 거의 일치하는 결과를 보인다. 마찬가지로 고정효과모형은 효과크기가 조금 더 크게 계산된다.

일관성 검정 결과 비교

[표 2-9] 네트워크 메타분석 일관성 검정 결과 비교

| Data type | Frequentist approach | | | Bayesian approach | |
| | STATA* | R "nemeta" package | | R "gemtc" package | |
		Fixed	Random*	Fixed	Random
Binary					
Global inconsistency test	0.9942	0.9942	0.9942	–	–
Local inconsistency test					
A vs B	0.909	0.906	0.906	0.827	0.813
A vs C	0.744	0.744	0.744	0.75	0.764
A vs D	0.724	0.724	0.724	0.652	0.747
A vs E	0.811	0.989	0.989	0.055	0.234
Continuous					
Global inconsistency test	0.9716	0.9927	0.9927	–	–
Local inconsistency test					
A vs B	0.835	0.456	0.776	0.177	0.913
A vs C	0.69	0.04	0.409	0.038	0.491
A vs D	0.308	0.093	0.365	0.054	0.498
A vs E	0.597	0.535	0.891	0.548	0.962

A, Placebo; B, IV(single); C, IV(double); D, Topical; E, Combination. * design-by-treatment interaction model. All numuric value is p-value.

메타분석은 기본적으로 여러 연구들을 수리적으로 종합하는 통계적 방법론이기 때문에 여러 가정(assumption)들을 충족해야만 요약통계치의 타당성을 보여줄 수 있다. 더욱이 2개 이상의 치료를 연결하는 네트워크 메타분석의 경우에는 기존의 연구 간 변량과 연구 내 변량의 이질성 가정 이외에도 연구디자인 간 변량, 직접비교와 간접비교의 차이를 종합적으로 고려한 일관성 가정이 필요하다.

빈도주의 방법에서는 전체 모델별 접근(global approach)과 개별 치료별 접근(local approach)이라는 두 가지의 일관성 검정 방법을 제시한다. 우선 이분형 예제자료를 살펴보자. 전체 모델별 접근에서는 p-value가 모두 유의하지 않아 일관성을 지지하는 것으로 나타났다. 개별 모델별 접근에서 베이지안 방법의 A vs E가 0.055로 경계선 값을 보이지만 역시 모든 값이 일관성을 지지하는 것으로 나타났다.

연속형 예제를 살펴보면 전체 모델별 접근에서는 p-value가 모두 유의하지 않아 일관성을 지지하는 것으로 나타났다. 개별 모델별 접근에서는 빈도주의 방법을 사용한 고정효과모형의 A vs C가 0.04로 일관성이 없는 것으로 나타났다. 마찬가지로 베이지안 방법

을 사용한 고정효과모형의 A vs C가 0.038로 일관성이 없는 것으로 나타났다. 따라서 본 예제 자료에서는 일관성 검정 결과에 따라 빈도주의 방법이든 베이지안 방법이든 랜덤효과모형이 권고된다.

4-3 치료 간 비교우위 선정 비교

앞에서 살펴본 개별 치료 간의 우선순위는 빈도주의 방법이든 베이지안 방법이든, 또는 고정효과모형이든 랜덤효과모형이든 간에 모든 경우에 E, Combination > C, IV(double) > B, IV(single) > D, Topical > A, Placebo의 순서로 나타났다.

종합하면 네트워크 메타분석에 접근하는 개념의 차이와 네트워크 모델을 구성하는 세부적인 수식의 차이는 있을 수 있으나, 의사결정을 위한 최종 결론은 동일하다는 것을 알 수 있다.

```
#예제자료는 bin_dn, con_nms, con_nms_wide이다.
#작업폴더 설정(C드라이브 아래 본인이 원하는 폴더를 만들어서 지정)
setwd("C:/r_temp/gemtc_netmeta")
```

▶ 베이지안 방법 "gemtc" 패키지_이분형 자료

```
#gemtc 패키지 로딩
library(gemtc)

#데이터 불러오기
data_b_bin = read.csv("bin_dn.csv", header=T)
#R_gemtc; study, treatment, responders, sampleSize 변수명 일치해야 한다. 만약 아니
라면
#변수이름을 네트워크 셋업 시 사용할 mtc.network 함수에서 규정한 대로 바꾸어준다.
colnames(data_b_bin)<-c("study","responders", "sampleSize", "treatment")

#치료 id 생성(mtc.network 함수에서 규정한 변수명이라면 생략 가능)
treatments_bin <- read.table(textConnection('
                id description
                A "Treatment A"
                B "Treatment B"
                C "Treatment C"
                D "Treatment D"
                E "Treatment E"
                '), header=TRUE)
#네트워크 셋업
network_b_bin <- mtc.network(data.ab=data_b_bin,treatments=treatments_
bin,description="Bayesian NMA binary data") #treatments 인자는 제외하여도 된다.
```

```
plot(network_b_bin) #network evidence map
summary(network_b_bin)
print(network_b_bin)

#네트워크 모델 설정
# Fixed effect model
model_b_bin_fe <- mtc.model(network_b_bin, linearModel='fixed', n.chain=4)

###MCMC simulation###
### burn-in 5000, iteration 10000, thin 20 ########
mcmc_b_bin_fe <- mtc.run(model_b_bin_fe, n.adapt=5000, n.iter=10000, thin=20)
plot(mcmc_b_bin_fe)
gelman.diag(mcmc_b_bin_fe)
gelman.plot(mcmc_b_bin_fe)
summary(mcmc_b_bin_fe)
### burn-in 5000, iteration 10000, thin 10 ########
mcmc_b_bin_fe <- mtc.run(model_b_bin_fe, n.adapt=5000, n.iter=10000, thin=10)
plot(mcmc_b_bin_fe)
gelman.diag(mcmc_b_bin_fe)
gelman.plot(mcmc_b_bin_fe)
summary(mcmc_b_bin_fe)
# 결과 보기
summary(mcmc_b_bin_fe)
forest(mcmc_b_bin_fe)
forest(relative.effect(mcmc_b_bin_fe, t1="A"), digits=3)

### Random effect model
model_b_bin_re <- mtc.model(network_b_bin, linearModel='random', n.chain=4)

###MCMC simulation###
### burn-in 5000, iteration 10000, thin 20 ########
mcmc_b_bin_re <- mtc.run(model_b_bin_re, n.adapt=5000, n.iter=10000, thin=20)
plot(mcmc_b_bin_re)
gelman.diag(mcmc_b_bin_re)
gelman.plot(mcmc_b_bin_re)
```

```
summary(mcmc_b_bin_re)
### burn-in 5000, iteration 10000, thin 5 ########
mcmc_b_bin_re <- mtc.run(model_b_bin_re, n.adapt=5000, n.iter=10000, thin=5)
plot(mcmc_b_bin_re)
gelman.diag(mcmc_b_bin_re)
gelman.plot(mcmc_b_bin_re)
summary(mcmc_b_bin_re)
# 결과 보기
summary(mcmc_b_bin_re)
forest(mcmc_b_bin_re)
forest(relative.effect(mcmc_b_bin_re, t1="A"), digits=3)


###Inconsistency 가정 확인: node-splitting을 통해서########
#mtc.nodesplit에 네트워크 셋업을 넣는다.
#fixed moel
nodesplit_b_bin_fe <- mtc.nodesplit(network_b_bin, linearModel='fixed',
n.adapt=5000, n.iter=10000, thin=10)
plot(summary(nodesplit_b_bin_fe))
#random moel
nodesplit_b_bin_re <- mtc.nodesplit(network_b_bin, linearModel='random',
n.adapt=5000, n.iter=10000, thin=5)
plot(summary(nodesplit_b_bin_re))


###치료법 간 비교우위 선정###
#rank.probability에 mcmc 시뮬레이션 결과값을 넣는다.
#확률이 높은 쪽이 선호되면 preferredDirection을 1을 넣고 낮은 쪽이 선호되면 -1을 넣는다.
#fixed moel
ranks_b_bin_fe <- rank.probability(mcmc_b_bin_fe, preferredDirection = -1)
print(ranks_b_bin_fe)
plot(ranks_b_bin_fe, beside=TRUE)
#random moel
ranks_b_bin_re <- rank.probability(mcmc_b_bin_re, preferredDirection = -1)
print(ranks_b_bin_re)
plot(ranks_b_bin_re, beside=TRUE)
```

▶ 베이지안 방법 "gemtc" 패키지_연속형 자료_MD

```
#gemtc 패키지 로딩
library(gemtc)
```

```
#데이터 불러오기
data_b_con = read.csv("con_nms.csv", header=T)
```
#R_gemtc; study, sampleSize, mean, std.dev, treatment 변수명 일치해야 한다. 만약 아니라면
#변수이름을 네트워크 셋업 시 사용할 mtc.network 함수에서 규정한 대로 바꾸어준다.
```
colnames(data_b_con)<-c("study","sampleSize", "mean", "std.dev", "treatment")
```

#치료 id 생성(앞서 실시한 mtc.network 함수에서 규정한 변수명이라면 생략 가능)
```
treatments_con <- read.table(textConnection('
                    id description
                    A "Treatment A"
                    B "Treatment B"
                    C "Treatment C"
                    D "Treatment D"
                    E "Treatment E"
                    '), header=TRUE)
```
#네트워크 셋업
```
network_b_con <- mtc.network(data.ab=data_b_con,treatments=treatments_
con,description="Bayesian NMA continuous data") #treatments 인자는 제외하여도 된
다.
plot(network_b_con) #network evidence map
summary(network_b_con)
print(network_b_con)
```

#네트워크 모델 설정
```
# Fixed effect model
model_b_con_fe <- mtc.model(network_b_con, linearModel='fixed', n.chain=4)
```

```
###MCMC simulation###
### burn-in 5000, iteration 10000, thin 20 ########
```

```
mcmc_b_con_fe <- mtc.run(model_b_con_fe, n.adapt=5000, n.iter=10000, thin=20)
plot(mcmc_b_con_fe)
gelman.diag(mcmc_b_con_fe)
gelman.plot(mcmc_b_con_fe)
summary(mcmc_b_con_fe)
### burn-in 5000, iteration 10000, thin 1 ########
mcmc_b_con_fe <- mtc.run(model_b_con_fe, n.adapt=5000, n.iter=10000, thin=1)
plot(mcmc_b_con_fe)
gelman.diag(mcmc_b_con_fe)
gelman.plot(mcmc_b_con_fe)
summary(mcmc_b_con_fe)
# 결과 보기
summary(mcmc_b_con_fe)
forest(mcmc_b_con_fe)
forest(relative.effect(mcmc_b_con_fe, t1="A"), digits=3)


### Random effect model
model_b_con_re <- mtc.model(network_b_con, linearModel='random', n.chain=4)

###MCMC simulation###
### burn-in 5000, iteration 10000, thin 20 ########
mcmc_b_con_re <- mtc.run(model_b_con_re, n.adapt=5000, n.iter=10000, thin=20)
plot(mcmc_b_con_re)
gelman.diag(mcmc_b_con_re)
gelman.plot(mcmc_b_con_re)
summary(mcmc_b_con_re))
### burn-in 5000, iteration 10000, thin 1 ########
mcmc_b_con_re <- mtc.run(model_b_con_re, n.adapt=5000, n.iter=10000, thin=1)
plot(mcmc_b_con_re)
gelman.diag(mcmc_b_con_re)
gelman.plot(mcmc_b_con_re)
summary(mcmc_b_con_re)
# 결과 보기
summary(mcmc_b_con_re)
forest(mcmc_b_con_re)
```

```
forest(relative.effect(mcmc_b_con_re, t1="A"), digits=3)

###Inconsistency 가정 확인: node-splitting을 통해서########
#mtc.nodesplit에 네트워크 셋업을 넣는다.
#fixed moel
nodesplit_b_con_fe <- mtc.nodesplit(network_b_con, linearModel='fixed',
n.adapt=5000, n.iter=10000, thin=1)
plot(summary(nodesplit_b_con_fe))
#random moel
nodesplit_b_con_re <- mtc.nodesplit(network_b_con, linearModel='random',
n.adapt=5000, n.iter=10000, thin=1)
plot(summary(nodesplit_b_con_re))

###치료법 간 비교우위 선정###
#rank.probability에 mcmc 시뮬레이션 결과값을 넣는다.
#확률이 높은 쪽이 선호되면 preferredDirection을 1을 넣고 낮은 쪽이 선호되면 –1을 넣는다.
#fixed moel
ranks_b_con_fe <- rank.probability(mcmc_b_con_fe, preferredDirection = -1)
print(ranks_b_con_fe)
plot(ranks_b_con_fe, beside=TRUE)
#random moel
ranks_b_con_re <- rank.probability(mcmc_b_con_re, preferredDirection = -1)
print(ranks_b_con_re)
plot(ranks_b_con_re, beside=TRUE)
```

▶ 베이지안 방법 "gemtc" 패키지_연속형 자료_SMD

```
#gemtc 패키지 로딩
library(gemtc)

#데이터 불러오기
data_con_es_data.re = read.csv("con_esformat_data.re.csv", header=T)
```

```
#네트워크 셋업
network_b_con <- mtc.network(data.re=data_con_es_data.re,
description="Baysian NMA continuous data")
#treatments 인자는 제외하여도 된다.
plot(network_b_con) #network evidence map
summary(network_b_con)
print(network_b_con)


#네트워크 모델 설정

### Random effect model
model_b_con_re <- mtc.model(network_b_con, linearModel='random',
n.chain=4)


###MCMC simulation###
### burn-in 5000, iteration 10000, thin 20 ########
mcmc_b_con_re <- mtc.run(model_b_con_re, n.adapt=5000, n.iter=10000, thin=20)
plot(mcmc_b_con_re)
gelman.diag(mcmc_b_con_re)
gelman.plot(mcmc_b_con_re)
summary(mcmc_b_con_re)
### burn-in 5000, iteration 50000, thin 20 ########
mcmc_b_con_re <- mtc.run(model_b_con_re, n.adapt=5000, n.iter=50000, thin=20)
plot(mcmc_b_con_re)
gelman.diag(mcmc_b_con_re)
gelman.plot(mcmc_b_con_re)
summary(mcmc_b_con_re)
### burn-in 5000, iteration 50000, thin 1 ########
mcmc_b_con_re <- mtc.run(model_b_con_re, n.adapt=5000, n.iter=50000, thin=1)
plot(mcmc_b_con_re)
gelman.diag(mcmc_b_con_re)
gelman.plot(mcmc_b_con_re)
summary(mcmc_b_con_re)
```

```
# 결과 보기
summary(mcmc_b_con_re)
forest(mcmc_b_con_re, digits=3,
center.label="Standardized Mean Difference")
#forest plot상 mean difference는 최초 효과크기를 SMD로 했기 때문에 SMD이다.
forest(relative.effect(mcmc_b_con_re, t1="E"),
digits=3, center.label="Standardized Mean Difference")


###Inconsistency 가정 확인: node-splitting을 통해서########
#mtc.nodesplit에 네트워크 셋업을 넣는다.
#random moel
nodesplit_b_con_re <- mtc.nodesplit(network_b_con,
linearModel='random', n.adapt=5000, n.iter=50000, thin=1)
plot(summary(nodesplit_b_con_re), digits=3,
center.label="Standardized Mean Difference")


###치료법 간 비교우위 선정###
#rank.probability에 mcmc 시뮬레이션 결과값을 넣는다.
#확률이 높은 쪽이 선호되면 preferredDirection을 1을 넣고 낮은 쪽이 선호되면 -1을 넣는다.
#random moel
ranks_b_con_re <- rank.probability(mcmc_b_con_re,
preferredDirection = -1)
print(ranks_b_con_re)
plot(ranks_b_con_re, beside=TRUE)
```

▶ 빈도주의 방법 "netmeta" 패키지_이분형 자료

```
#netmeta 패키지 로딩
library(netmeta)
```

```
#데이터 불러오기
data_f_bin = read.csv("bin_dn.csv", header=T)
```

```
####raw data가 event n이라면 TE seTE 형태로 바꾼다.###
```

```
#TE seTE 형태라면 그냥 바로 netmeta 실시하면 된다.
#Binary data; dn raw data를 TE seTE로 변환하기; pairwise 명령어
#변수이름을 임의대로 바꿀 수 있다.
colnames(data_f_bin)<-c("studlab","event", "n", "treatment")
#pairwise로 효과크기 만들 때 OR(로그변환된)로 할 것인지 RR(로그변환된)로 할 것인지가 중요
함.
data_f_bin <- pairwise(treatment, event = event, n = n,
            studlab = studlab, data = data_f_bin, sm ="OR" )
##변수이름을 바꾸지 않았다면 study, d, n, trt일 때
#data_f_bin <- pairwise(trt, event = d, n = n, studlab = study, data = data_f_
bin, sm ="OR" )
#data_f_bin을 가지고 기존의 netmeta를 돌리면 된다.
###

#네트워크 플롯에서 변수명을 직접 치료명으로 표기할 때 사용한다.
tname_f_bin <- c("Placebo", "IV(single)", "IV(double)", "Topical",
"Combination")

#네트워크 모델 설정

##Fixed effect model##
network_f_bin_fe <- netmeta(TE, seTE, treat1, treat2,
            studlab, data=data_f_bin, sm="OR", reference="A", comb.
fixed=TRUE, comb.random=FALSE)
netgraph(network_f_bin_fe, labels=tname_f_bin) #네트워크 plot 생성
forest(network_f_bin_fe, ref = "A", digits=3,  xlab = "Odds Raio")
summary(network_f_bin_fe)
print(network_f_bin_fe)

##일관성 검정##
#inconsistency test(global approach) design-by-treatment interaction random
effects model
decomp.design(network_f_bin_fe)
#inconsistency test(local approach) side split (direct vs indirect
comparision)
```

```
print(netsplit(network_f_bin_fe), digits=3)

##치료 간 비교우위 선정; rank test##
ranks_f_bin_fe <- netrank(network_f_bin_fe, small.values="good")
print(ranks_f_bin_fe, sort=FALSE)

##Random effect model##
network_f_bin_re <- netmeta(TE, seTE, treat1, treat2,
                studlab, data=data_f_bin, sm="OR", reference="A", comb.
fixed=FALSE, comb.random=TRUE)
netgraph(network_f_bin_re, labels=tname_f_bin) #네트워크 plot 생성
forest(network_f_bin_re, ref = "A", digits=3, xlab = "Odds Raio")
summary(network_f_bin_re)
print(network_f_bin_re)

##일관성 검정##
#inconsistency test(global approach) design-by-treatment interaction random
effects model
decomp.design(network_f_bin_re)
#inconsistency test(local approach) side split (direct vs indirect
comparision)
print(netsplit(network_f_bin_re), digits=3)

##치료 간 비교우위 선정; rank test##
ranks_f_bin_re <- netrank(network_f_bin_re, small.values="good")
print(ranks_f_bin_re, sort=FALSE)
```

▶ 빈도주의 방법 "netmeta" 패키지_연속형 자료

```
#netmeta 패키지 로딩
library(netmeta)

#데이터 불러오기
data_f_con = read.csv("con_nms.csv", header=T)
```

```
####raw data가 event n이라면 TE seTE 형태로 바꾼다.###
#TE seTE 형태라면 바로 netmeta를 실시하면 된다.
#변수이름을 임의대로 바꿀 수 있다.
colnames(data_f_con) <- c("studlab","n", "mean", "sd", "treatment")

#pairwise로 효과크기 만들 때 MD로 할 것인지 SMD로 할 것인지가 중요하다.
data_f_con <- pairwise(treatment, n=n, mean=mean, sd=sd, data=data_f_con,
studlab=studlab, sm="MD")
#네트워크 플롯에서 변수명을 직접 치료명으로 표기할 때 사용한다.
tname_f_con <- c("Placebo", "IV(single)", "IV(double)", "Topical",
"Combination")

#네트워크 모델 설정

##Fixed effect model##
network_f_con_fe <- netmeta(TE, seTE, treat1, treat2,
studlab, data=data_f_con, sm="MD", reference="A", comb.fixed= TRUE, comb.
random=FALSE)

netgraph(network_f_con_fe, labels=tname_f_con) #네트워크 plot 생성

forest(network_f_con_fe, ref = "A", digits=3, xlab = "Mean Differnce")

summary(network_f_con_fe)
print(network_f_con_fe)

##Consistency test##
#inconsistency test(global approach) design-by-treatment interaction random
effects model
decomp.design(network_f_con_fe)
#inconsistency test(local approach) side split (direct vs indirect
comparision)
print(netsplit(network_f_con_fe), digits=3)

##Treatment ranking; rank test##
```

```
ranks_f_con_fe <- netrank(network_f_con_fe, small.values="good")
print(ranks_f_con_fe, sort=FALSE)

##Random effect model##
network_f_con_re <- netmeta(TE, seTE, treat1, treat2,
studlab, data=data_f_con, sm="MD", reference="A", comb.fixed=FALSE, comb.
random=TRUE)

netgraph(network_f_con_re, labels=tname_f_con) #네트워크 plot 생성

forest(network_f_con_re, ref = "A", digits=3, xlab = "Standardized Mean
Differnce")

summary(network_f_con_re)
print(network_f_con_re)

##Consistency test##
#inconsistency test(global approach) design-by-treatment interaction random
effects model
decomp.design(network_f_con_re)
#inconsistency test(local approach) side split (direct vs indirect
comparision)
print(netsplit(network_f_con_re), digits=3)

##Treatment ranking; rank test##
ranks_f_con_re <- netrank(network_f_con_re, small.values="good")
print(ranks_f_con_re, sort=FALSE)
```

3장

R & Meta-DiSc
진단검사 메타분석

진단검사 메타분석의 이해

R의 "mada" & "meta" 패키지를 이용한 진단검사 메타분석

Meta-DiSc를 이용한 진단검사 메타분석

부록: R 진단검사 메타분석 코드

진단검사 메타분석을 위한 패키지

R에서 진단검사 메타분석을 실행하려면 "mada" 패키지가 필요한데 "mada"를 설치하고 나면 "mvtnorm", "ellipse", "mvmeta"도 필요하다고 나오니 미리 관련 패키지를 설치한다.

```
.install.packages("mada")
.install.packages("mvtnorm")
.install.packages("ellipse")
.install.packages("mvmeta")
```

또한 R에서 일반 중재 메타분석을 실시하는 패키지 "meta", "metafor", "rmeta"도 미리 설치해 둔다.

```
.install.packages("meta")
.install.packages("metafor")
.install.packaqes("rmeta")
```

중재 메타분석에 대한 내용은 1장 R 중재 메타분석 부분을 꼭 참조하기 바란다. 진단검사 메타분석 R 패키지에 대해서는 아래 사이트에 각 패키지별 상세 코드, 자료, 참고문헌 등이 있으니 참고하기 바란다.

· https://cran.r-project.org/web/packages/mada/index.html

Meta-DiSc 소프트웨어 설치하기

Meta-DiSc는 구글에서 검색하거나 아래 사이트에서 내려받아서 설치한다. 현재 버전 1.4까지 개발되었으며 프리웨어로 누구나 자유롭게 사용할 수 있다.

· http://www.hrc.es/investigacion/metadisc_en.html

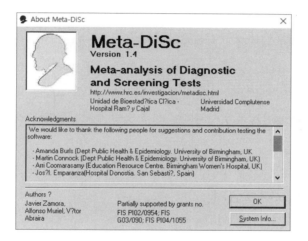

[Meta-DiSc: a software for meta-analysis of test accuracy data. BMC Medical Research Methodology 2006, 6:31]

1 | 진단검사 메타분석의 이해

일반적인 메타분석(pairwise meta-analysis)에서는 하나의 효과크기(effect size)를 종합한다. 예를 들어 이분형 자료는 상대위험도(relative risk, RR)와 오즈비(odds ratio, OR)가 있고 연속형 자료는 평균의 차이(mean difference) 등이 있다.

반면에 진단검사 메타분석(diagnostic test accuracy)에서는 동시에 두 가지 효과크기를 고려하여 종합한다. 예를 들어 민감도(sensitivity)와 특이도(specificity) 또는 양성예측도(positive predictive value)와 음성예측도(negative predictive value) 등이 있다(Shim et al., 2015).

따라서 진단검사 메타분석은 결과값이 하나인 일반적인 분석보다 복잡하다. 결국 결과값이 2개 이상인 다변량 분석으로 확장하기 위해 다층 개념을 도입해야 하며 이를 위해서 약간의 수리학적 이해와 통계 프로그램을 다루는 방법을 익혀야 한다.

본서는 진단검사 메타분석을 위해서 반드시 이해해야 할 요약추정치를 만들어내는 개념과 더불어 R과 Meta-DiSc 소프트웨어 실행 방법에 초점을 맞추었다.

1-1 진단검사 요약추정치

일반적으로 진단검사의 데이터는 2×2 테이블 형태를 띠며 가로는 검사 유/무, 세로는 질병의 유/무로 구분한다.

	Reference standard +ve	Reference standard -ve	
Index test +ve	True positives (TP)	False positives (FP)	Positive Predictive Value TP/(TP+FP)
Index test -ve	False negatives (FN)	True Negatives (TN)	Negative Predictive Value TN/(FN+TN)
	Sensitivity TP/(TP+FN)	Specificity TN/(FP+TN)	

요약추정치	계산식	정의
민감도(sensitivity, Sn)	TP/(TP+FN)	질병이 있는 사람 중 검사결과가 양성인 사람의 비율
특이도(specificity, Sp)	TN/(FP+TN)	질병이 없는 사람 중 검사결과가 음성인 사람의 비율
양성예측도(positive predictive value, PPV)	TP/(TP+FP)	검사결과가 양성인 사람 중 질병이 있는 사람의 비율
음성예측도(negative predictive value, NPV)	TN/(FN+TN)	검사결과가 음성인 사람 중 질병이 없는 사람의 비율
양성우도비(positive likelihood ratio, LR+)	Sn/(1−Sp)	질병이 없는 사람 중 검사결과가 양성일 확률에 비해 질병이 있는 사람 중 검사결과가 양성일 확률
음성우도비(negative likelihood ratio, LR−)	(1−Sn)/Sp	질병이 없는 사람 중 검사결과가 음성일 확률에 비해 질병이 있는 사람 중 검사결과가 음성일 확률
검사정확도(accuracy of index test)	(TP+TN)/(TP+FP+FN+TN)	전체 검사자 중 진양성과 진음성인 사람의 합의 비율
진단교차비(diagnostic odds ratio, DOR)	(TP*TN)/(FP*FN)	질병이 없는 사람 중 검사결과가 양성일 오즈비에 비해 질병이 있는 사람 중 검사결과가 양성일 오즈비

[그림 3-1] 진담검사 요약추정치 정리

진단검사 메타분석은 진양성(true positive, TP), 위양성(false positive, FP), 위음성(false negative, FN), 진음성(true negative, TN) 이 4가지 기초 정보의 요약 결과인 요약추정치(summary statistics)와 요약곡선(summary line)으로 보여주게 된다. 대표적인 요약추정치에는 통합된 민감도(sensitivity), 특이도(specificity), DOR(diagnostic odds ratio), 그리고 forest plot이 있다. 요약곡선에는 SROC(summary receiver operating characteristic) 곡선이 있다.

진단검사 메타분석을 성공적으로 수행하기 위해서는 반드시 요약추정치에 대한 개념과 원리를 정확히 이해하여야 한다.

1-2 진단검사 메타분석 모형

진단검사 메타분석에서의 요약추정치를 계산하기 위해서는 일반적인 메타분석과 마찬가지로 먼저 적합한 모형을 선택해야 한다. 민감도와 특이도를 동시에 고려한 모형으로 Moses-Littenberg SROC 모형(Moses et al., 1993; Littenberg & Moses, 1993), Bivariate 모형(Reitsma et al., 2005), Hierarchical SROC 모형(Rutter & Gatsonis, 2001)이 일반적으로 활용된다.

Moses-Littenberg 모형은 진단검사 메타분석을 위해 초기에 만들어진 간단한 모델로 단순회귀분석(simple linear regression)을 통해 SROC를 추정한다. 이는 일반 메타분석에서의 고정효과(fixed effect) 모형과 유사한 것으로 연구들 간의 이질성(heterogeneity)을 추정할 수 없다는 한계를 지닌다. 또한 전체 변동 중 연구 내 변동과 연구 간 변동을 분리할 수 없는 모형으로 모수 추정치와 표준편차, 신뢰구간을 제공하지 않으며 SROC 곡선만을 구할 수 있어 분석이 제한적이다.

Moses-Littenberg 모형의 단점을 극복하고자 위계적 모형(hierarchical model)을 바탕으로 개발된 것이 Bivariate 모형과 HSROC(Hierarchical SROC) 모형으로, 공변량이 없을 때 두 모형은 수리적으로 동일한 값을 제공한다(Harbord et al., 2007; Arends et al., 2008). 일반 메타분석에서의 변량효과(random effect) 모형과 유사하며 두 모형 모두 연구들의 연구 내 변동과 연구 간 변동을 추정할 수 있다. 즉, 이질성을 추정할 수 있는 것이다.

Bivariate 모형의 경우 연구 내 변동은 민감도와 특이도를 직접 모형화한 이항분포(binominal distribution)를 가정하고 연구 간 변동은 이변량 정규분포(bivariate normal distribution)를 가정한다. 반면 HSROC 모형은 연구 내 변동은 이항분포를 가정하고 연구 간 변동은 이항분포의 확률에 대해 로지스틱 회귀모형을 적용하여 로지스틱 모형에 포함된 모수들에 대해 위계적 분포를 가정한다.

본서에서 실습할 R "mada" 패키지 reitsma 모델과 Meta-DiSc는 기본적으로 Bivariate 모형으로 요약추정치를 산정하고 SROC 곡선을 추정한다.

1-3 효과크기 계산

2×2 테이블에서 민감도와 특이도를 생각해보자. 민감도는 TP/(TP+FN)이며 특이도는 TN/(TN+FP)으로 비율 형태로 나타난다. 이러한 비율형 자료는 원자료 형태보다는 로 짓변환한 자료를 많이 활용하는데, 이것은 자료의 분포를 통계의 가정에 맞추기 위한 방법이다.

비율형 자료는 0과 1 사이로 상하한이 닫혀 있어 처음에 승산변환을 해서 상한을 풀어 주고 이어서 로그변환을 해서 하한을 풀어주어야 적합한 자료의 형태가 된다. 이를 로짓 변환이라고 한다.

· 승산(odds) 변환	
확률변수는 p/(1-p)로 일정하게 연산을 하면 1이라는 상한을 풀 수 있다.	만약 90%, 즉 0.9라는 변수가 있다면 승산변환 값은 0.9/(1-0.9) = 9로 상한을 풀 수 있다.
· 로그(log) 변환	
하한이 0으로 제한되어 있는데 이를 로그변환하면 0이라는 하한을 풀 수 있다.	만약 10%, 즉 0.1이라는 변수가 있다면 승산변환 값은 0.1/(1-0.1) = 0.111이다. 이를 다시 로그변환하면 ln(0.111) = −0.955로 하한을 풀 수 있다.

※ 흔히 로그변환과 승산변환을 합쳐서 로짓(logit)이라고 한다.

[그림 3-2] 로짓변환을 하는 이유

앞으로 2절에서는 "meta" 패키지의 metaprop 함수를 사용하면서 로짓변환한 민감도 와 특이도를 계산한 후 환원시켜 해석할 것이다. 따라서 효과크기를 왜 변환했는지에 대 한 명확한 이해가 선행되어야 한다.

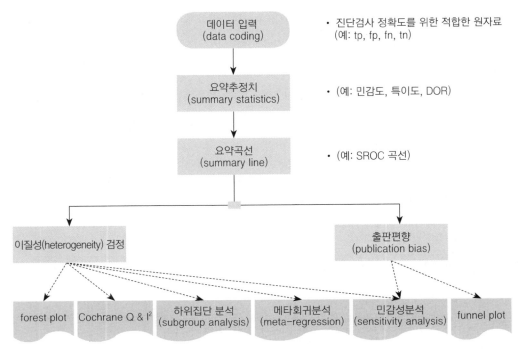

[그림 3-3] R "mada"&"meta" 패키지를 이용한 진단검사 메타분석 순서도

[그림 3-3]은 일반적인 진단검사 메타분석의 흐름을 나타낸다. 최초 자료 코딩 시 해당 함수에 적합하도록 변수명을 수정해야 하며, 요약추정치 등의 종합효과크기를 제시하고 이질성을 확인한 다음, 출판편향을 확인해서 보고한다.

2-1 데이터 코딩 및 불러오기

다음은 진단검사 메타분석을 위한 예제자료로 당뇨환자에 있어서 미세단백뇨 (microalbuminuria) 확인을 위한 검사법 중 UAC(urine sample measuring the albumin concentration) 방법을 발췌한 것이다(Wu, 2014; Shim et al., 2015). TP, FP, FN, TN은 각

각 진양성, 위양성, 위음성, 진음성을 나타낸다. subgroup (g) 1은 서구유럽국가이며 0은 서구유럽국가를 제외한 나라로 구분하였다.

[표 3-1] 미세단백뇨 확인을 위한 UAC 검사법(진단검사 메타분석 예제자료)[*]

[표 3-1] 미세단백뇨 확인을 위한 UAC 검사법(진단검사 메타분석 예제자료)[*]

id	TP	FP	FN	TN	g
Wiegmann	21	1	9	104	1
Bouhanick	49	21	7	110	1
Schwab	24	5	3	31	1
Zelmanovitz	39	6	5	48	0
Ahn	23	9	7	41	0
Ng	12	7	2	44	0
Gansevoort	10	13	3	40	1
Incerti	82	12	7	177	0
Sampaio	99	45	21	128	0

TP, true positive; FP, false positive; FN, false negative; TN, true negative. g, group.

작업폴더에 넣어둔 예제 파일을 아래의 명령어로 R의 메모리에 불러온다. 한 가지 주의할 점은 R에서는 쉼표로 구분된 수치파일(csv)의 형태를 선호하니 파일을 미리 해당 포맷으로 저장해서 지정된 작업폴더에 넣어두어야 한다[표 3-1].

```
.dta_shim <- read.csv("dta_shim.csv", header=TRUE)
```

read.csv는 csv 파일을 불러오는 함수로서 파일명 "dta_shim.csv"를 불러와 파일의 첫 번째 변수명을 그대로 쓴다는 뜻이다(header=TRUE). 이렇게 로딩된 csv 파일은 R 메모리에서는 dta_shim이라는 이름의 객체(object)로 저장된다. 이를 확인해보려면 View 함수에 지정한 데이터를 넣어준다.

요약추정치

진단검사 메타분석 요약추정치 계산을 위한 이변량 분석 모델(bivariate model)인 "mada" 패키지에서는 요약추정치들[민감도(sensitivity), 특이도(specificity), 진단오즈비(diagnostic odds ratio)]의 종합 효과크기를 제시하지 않고 있으며 단순히 개별 연구들의 효과크기만 을 forest plot으로 보여주고 있어서 불편하다.

따라서 "meta" 패키지를 활용한 단변량 분석을 먼저 실시하여 각각의 요약추정치 값 을 확인한 후 "mada" 패키지를 사용하여 SROC 곡선을 제시하는 것이 자연스럽다.

1) 단변량 분석(univariate analysis)

민감도, 특이도, 진단오즈비를 단변량 분석 모델로 계산하고 이를 도식화한다. 메타분석 을 실행하기 위해 meta 패키지를 로딩시킨다.

```
.library(meta)
```

(1) 민감도

"meta" 패키지는 하위에 여러 함수를 포함하는데 그중 metaprop 함수는 비율형 자료에 서 사건수(event)와 표본수(n)가 있을 때 종합효과크기를 계산한다.

```
sensitivity_logit <- metaprop(TP, TP+FN,comb.fixed=FALSE,comb.random=
TRUE,sm="PLOGIT", method = "Inverse", method.ci="CP",studlab=id, byvar=g,
data=dta_shim)
.print(sensitivity_logit, digits=3)
```

민감도 분석에서의 사건발생수는 TP이며 표본수는 TP+FN이다. metaprop 함수에 사건수(TP)와 표본수(TP+FN)를 차례대로 입력한 후 뒤로는 옵션들을 위치시킨다.

여기서는 비율형 자료에서 효과크기를 계산하는 방식 중 로짓변환 후 환원하는 계산 방법을 사용하였다. 이외에도 자료를 변환하지 않은 원자료를 그대로 사용하고자 한다면 sm="PRAW"를 입력하고, 로그변환 후 환원한 결과값을 알고 싶다면 sm="PLN"으로 설정한다.

통계모형의 가정에 충실하고 자료의 대칭성과 분포를 감안한다고 했을 때, 비율형 자료는 변환(로그변환 또는 로짓변환)하는 것이 보수적인 결과를 만들어내어 보다 바람직하다. 그러나 많은 선행 연구자들이 연구와 통계모형에서 운용 범위를 폭넓게 열어놓았기에 연구자는 자신의 연구 결과에 적합한 방법을 찾아서 잘 활용하면 된다. 자료변환을 실시하더라도 metaprop 함수가 자동으로 역산해서 해석할 수 있는 종합효과크기를 표시한다.

아울러 신뢰구간을 계산하는 방법도 여러 개가 있는데 이건 너무 복잡하지 않게 default로 주어지는 Clopper-Pearson 방법을 사용하자(method.ci="CP"). 랜덤효과모형을 사용하였으며 comb.fixed=FALSE, comb.random=TRUE를 추가해서 입력한다. 원하는 모형을 FALSE 또는 TRUE에 따라 계산할 수 있다. Studlab=study는 개별 연구들의 이름을 나타내며 subgroup별 결과를 나타내려면 byvar=g를 입력하는데 g는 subgroup을 나타내는 변수명이다.

metaprop 함수를 사용해서 나온 결과들은 sensitivity_logit에 지정되며 결과는 다음과 같다.

```
                  proportion          95%-CI  %W(random) g
Wiegmann          0.700  [0.506; 0.853]       12.9  1
Bouhanick         0.875  [0.759; 0.948]       12.7  1
Schwab            0.889  [0.708; 0.976]        6.9  1
Zelmanovitz       0.886  [0.754; 0.962]       10.2  0
Ahn               0.767  [0.577; 0.901]       11.6  0
Ng                0.857  [0.572; 0.982]        4.7  0
Gansevoort        0.769  [0.462; 0.950]        6.1  1
Incerti           0.921  [0.845; 0.968]       13.1  0
Sampaio           0.825  [0.745; 0.888]       21.8  0

Number of studies combined: k = 9
              ①  proportion          95%-CI  z p-value
Random effects model   0.841  [0.788; 0.882] --      --

Quantifying heterogeneity: ③
tau^2 = 0.0885; H = 1.22 [1.00; 1.79]; I^2 = 32.5% [0.0%; 68.9%]

Test of heterogeneity:
      Q d.f.  p-value
  11.85   8  0.1579

Results for subgroups (random effects model): ②
        k proportion          95%-CI     Q  tau^2    I^2
g = 1   4    0.816  [0.703; 0.893] 4.98 0.1620 39.8%
g = 0   5    0.855  [0.792; 0.902] 6.04 0.0845 33.8%

Test for subgroup differences (random effects model):
                      Q d.f.  p-value
Between groups     0.53   1  0.4658

Details on meta-analytical method:
- Inverse variance method
- DerSimonian-Laird estimator for tau^2
- Logit transformation
- Clopper-Pearson confidence interval for individual studies
```

[그림 3-4] 단변량 분석 (민감도)

sensitivity_logit에서 나온 결과들을 [그림 3-4]에서 하나씩 살펴보자.

①은 전체 9개 연구의 종합 효과크기를 나타낸다. 랜덤효과모형(random effect model)의 proportion은 0.841(95%CI; 0.788, 0.882)이다.

②는 subgroup에 해당하는 결과를 나타낸 것이다. 랜덤모형에서는 subgroup(0 vs 1)에 따라 민감도의 차이가 약간 보인다. 랜덤효과모형을 기준으로 서구유럽국가들은 0.816, 그외 국가에서는 0.855인데 추후 국가별 메타회귀분석을 실시해서 이를 검정하여야 한다.

③은 전체 연구의 이질성(heterogeneity)을 나타낸 것이다. 이질성의 Higgins' I^2는 Cochrane Q statistics에서 자유도(degree of freedom)를 뺀 것을 다시 Cochrane Q statistics으로 나누어준 값으로 이질성을 일관성 있게 정량화시킨다. 0%에서 40%는 이질성이 중요하지 않을 수 있으며(might not be important), 30%에서 60%는 중간 이질성(moderate heterogeneity), 50%에서 90%는 중대한 이질성(substantial heterogeneity), 그리고 75%에서 100%는 심각한 이질성(considerable heterogeneity)을 나타낸다. Cochrane Q statistics의 p-value는 조금 폭넓게 0.1을 유의성 판단 기준으로 한다.* 본 민감도 분석에서의 Higgins' I^2는 32.5%이며 Cochrane Q statistics p-value=0.158로 이질성이 약하다는 것을 알 수 있다.

이외에도 [그림 3-4]의 하단에 해당 결과가 어떤 계산방법으로 도출되었는지 밝히고 있다. Inverse variance method는 메타분석의 기본적인 방법으로서 개별 연구들의 가중치를 계산할 때 해당 연구의 역분산을 활용한다. DerSimonian-Lair estimator는 랜덤효과모형에서 연구 간 변량을 계산할 때 tau값을 계산하였다는 것이다. 그리고 Logit transformation(로짓변환을 실시하였음)과 Clopper-Pearson 방법을 사용하였다는 것을 알 수 있다.

---

*   Cochrane handbook; 9.5.2. Identifying and measuring heterogeneity.

■ forest plot

```
.forest(sensitivity_logit, digits=3, rightcols=c("effect", "ci"), xlab =
"Sensitivity")
```

forest 함수에 해당 설정된 메타분석 모델(sensitivity_logit)을 입력한다. 그런 다음 다양한 옵션을 넣어주어 그림을 예쁘게 만들어준다. digits=3은 소수점 셋째 자리까지만 표시한다는 것이며, rightcols=c("effect", "ci")는 forest plot 오른편에는 원래 weight가 표시되는데 이를 생략하고 효과크기와 신뢰구간만을 보여주라는 뜻이다. 이외에도 색깔을 넣거나 필요한 정보를 추가·제거하는 등 임의대로 작성할 수 있으니 보다 상세한 내용은 직접 meta 패키지를 연습해보며 익히기 바란다.

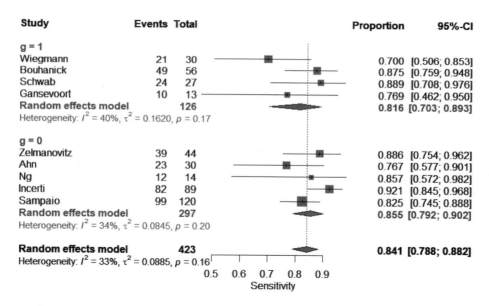

[그림 3-5] 단변량 분석 (민감도 forest plot)

[그림 3-5]는 앞의 종합 효과크기와 동일한 정보를 제공한다. 더불어 개별 연구들의 효과크기를 그래픽으로 제시하여 연구 내 변동과 연구 간 변동을 쉽게 파악할 수 있도록 해준다. 예를 들어 연구 내 변량이 큰 것은 Gansevoort, Ng, Wiegmann, Ahn인 것을 알 수 있고, 연구 간 변량이 큰 것은 Wiegmann과 Incerti인 것을 알 수 있다.

(2) 특이도

```
.specificity_logit <- metaprop(TN, TN+FP,comb.fixed=FALSE,comb.random=
TRUE, sm="PLOGIT", method = "Inverse", method.ci="CP",studlab=id, byvar=g,
data=dta_shim)
.print(specificity_logit, digits=3)
```

특이도 분석에서의 사건발생수는 TN이며 표본수는 TN+FP이다. metaprop 함수에 사건수(TN)와 표본수(TN+FP)를 차례대로 입력한 후 뒤로는 옵션들을 위치시킨다. 이하 설명은 민감도 분석과 동일하다.

```
               proportion        95%-CI   %W(random)  g
Wiegmann         0.990  [0.948; 1.000]       4.2  1
Bouhanick        0.840  [0.765; 0.898]      13.6  1
Schwab           0.861  [0.705; 0.953]       9.7  1
Zelmanovitz      0.889  [0.774; 0.958]      10.5  0
Ahn              0.820  [0.686; 0.914]      11.5  0
Ng               0.863  [0.737; 0.943]      10.9  0
Gansevoort       0.755  [0.617; 0.862]      12.3  1
Incerti          0.937  [0.892; 0.967]      12.7  0
Sampaio          0.740  [0.668; 0.804]      14.5  0

Number of studies combined: k = 9

                   ①  proportion         95%-CI  z p-value
Random effects model      0.861  [0.794; 0.909]  --      --

Quantifying heterogeneity: ③
tau^2 = 0.3724; H = 2.15 [1.56; 2.95]; I^2 = 78.3% [59.0%; 88.5%]

Test of heterogeneity:
    Q  d.f.  p-value
 36.85     8 < 0.0001

Results for subgroups (random effects model): ②
        k proportion         95%-CI       Q  tau^2    I^2
g = 1   4     0.867  [0.746; 0.935]  11.67  0.4401  74.3%
g = 0   5     0.860  [0.755; 0.924]  25.12  0.5042  84.1%

Test for subgroup differences (random effects model):
                    Q  d.f.  p-value
Between groups    0.01     1   0.9067

Details on meta-analytical method:
- Inverse variance method
- DerSimonian-Laird estimator for tau^2
- Logit transformation
- Clopper-Pearson confidence interval for individual studies
```

[그림 3-6] 단변량 분석 (특이도)

specificity_logit에서 나온 결과들을 [그림 3-6]에서 하나씩 살펴보자.

①은 전체 9개 연구의 종합 효과크기를 나타낸다. 랜덤효과모형(random effect model)의 proportion은 0.861(95%CI; 0.794, 0.909)이다. ②는 subgroup에 해당하는 결과를 나

타낸 것이다. 랜덤모형에서는 subgroup(0 vs 1)에 따라 특이도의 차이가 거의 보이지 않는다. ③은 전체 연구의 이질성을 나타낸 것이다. 본 특이도 분석에서의 Higgins' I^2는 78.3%이며 Cochrane Q statistics p-value < 0.0001로 이질성이 존재한다는 것을 알 수 있다.

■ forest plot

```
.forest(specificity_logit, digits=3, rightcols=c("effect", "ci"), xlab =
"Specificity")
```

forest 함수에 설정된 메타분석 모델(specificity_logit)을 입력한다.

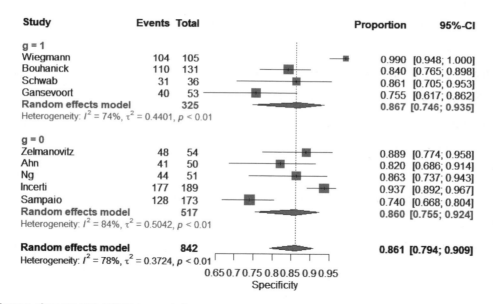

[그림 3-7] 단변량 분석 (특이도 forest plot)

[그림 3-7]은 앞의 종합효과크기와 동일한 정보를 제공한다. 더불어 개별 연구들의 효과크기를 그래픽으로 제시하여 연구 내 변동과 연구 간 변동을 쉽게 파악할 수 있도록 해준다.

(3) 진단오즈비

"meta" 패키지는 하위에 여러 함수들을 포함하는데 그중 metabin 함수는 이분형 자료에서 원자료들이 모두 있을 때 종합효과크기를 계산한다.

```
.DOR_model <- metabin(TP,TP+FP,FN,FN+TN, sm="OR",comb.fixed=FALSE,comb.
random= TRUE, method ="Inverse", id, byvar=g, data=dta_shim)
.print(DOR_model)
```

패키지 상세 설명을 하나씩 살펴보면 이해할 수 있겠지만 빠른 이해를 위해서 본 예제에서는 가급적 변수명을 변경하지 않도록 한다. 이분형 자료에서는 TP, TP+FP, FN, FN+TN을 각각 차례대로 넣어준다. 효과크기를 OR로 표시하고 개별 연구들의 가중치는 일반적인 inverse variance method를 사용한다(method="Inverse"). 연구 간 변량을 고려한 랜덤효과모형을 설정하기 위해서 comb.fixed=FALSE, comb.random=TRUE를 추가해서 입력한다. id는 개별 연구들의 이름을 나타내며 data=dta_shim은 R 메모리에 로딩된 dta_shim이라는 데이터를 지정해주는 것이다. subgroup별 결과를 나타내려면 byvar=g를 입력하는데 g는 subgroup을 나타내는 변수명이다.

metabin 함수를 사용해서 나온 결과들은 DOR_model에 지정되며 결과는 [그림 3-8]과 같다. DOR_model에서 나온 결과들을 [그림 3-8]에서 하나씩 살펴보자.

①은 전체 9개 연구의 종합효과크기를 나타낸다. 랜덤효과모형(random effect model)의 OR은 37.935(95%CI; 18.186, 79.132)이고 p-value < 0.0001로 해당 진단검사를 통해서 질병이 없는 사람 중 검사 결과가 양성일 오즈비에 비해 질병이 있는 사람 중 검사 결과가 양성일 오즈비가 약 38배 높다는 것을 알 수 있다. ②는 subgroup 결과를 나타낸 것이다. 랜덤모형에서는 subgroup(0 vs 1)에 따른 차이가 거의 없는 것으로 보인다. ③은 전체 연구의 이질성을 나타낸 것이다. 본 민감도 분석에서의 Higgins' I^2는 72.7%이며 Cochrane Q statistics p-value=0.0003으로 이질성이 존재한다는 것을 알 수 있다.

```
                OR              95%-CI %W(random) g
Wiegmann    242.6667 [29.1706; 2018.7111]      7.0 1
Bouhanick    36.6667 [14.6233;   91.9386]     13.2 1
Schwab       49.6000 [10.7688;  228.4523]      9.7 1
Zelmanovitz  62.4000 [17.7038;  219.9395]     11.2 0
Ahn          14.9683 [ 4.9236;   45.5054]     12.0 0
Ng           37.7143 [ 6.9163;  205.6534]      8.8 0
Gansevoort   10.2564 [ 2.4448;   43.0274]     10.2 1
Incerti     172.7857 [65.6168;  454.9889]     12.9 0
Sampaio      13.4095 [ 7.5034;   23.9645]     15.1 0

Number of studies combined: k = 9
                        ①
                             OR        95%-CI    z  p-value
Random effects model 37.9348 [18.1855; 79.1320] 9.69 < 0.0001

Quantifying heterogeneity: ③
tau^2 = 0.8471; H = 1.91 [1.37; 2.68]; I^2 = 72.7% [46.5%; 86.1%]

Test of heterogeneity:
     Q d.f. p-value
 29.30    8  0.0003

Results for subgroups (random effects model): ②
         k      OR           95%-CI    Q  tau^2   I^2
g = 1    4 38.6065 [13.8356; 107.7268]  6.23 0.5551 51.9%
g = 0    5 37.2383 [12.3965; 111.8615] 22.63 1.2399 82.3%

Test for subgroup differences (random effects model):
                   Q d.f. p-value
Between groups  0.00    1  0.9625

Details on meta-analytical method:
- Inverse variance method
- DerSimonian-Laird estimator for tau^2
```

[그림 3-8] 단변량 분석 (진단오즈비)

■ forest plot

```
.forest(DOR_model, digits=3, rightcols=c("effect", "ci"), xlab = "Diagnostic
Odds Ratio")
```

forest 함수에 설정된 메타분석 모델(DOR_model)을 입력한다. 나머지 설명은 민감도 분석과 동일하다.

[그림 3-9]는 앞의 종합효과크기와 동일한 정보를 제공한다.

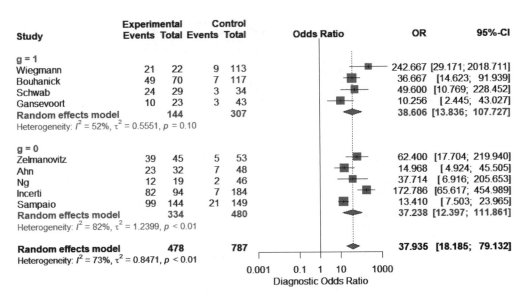

[그림 3-9] 단변량 분석 (진단오즈비 forest plot)

(4) 단변량 분석 결과 요약추정치 테이블

단변량 분석을 실시하여 민감도, 특이도, 진단오즈비를 도출하였다. 그러나 분석 결과가 나누어져 있어 보기에 불편하다. 따라서 이를 묶어서 하나의 테이블로 만들어보자.

앞의 분석에서 나온 결과 값들을 그림에서 추출하면 다음과 같다. 모두 R에 입력하여 데이터로 만든다.

```
SN <- 0.841;SN95h <- 0.882;SN95l <- 0.788
SP <- 0.861;SP95h <- 0.909;SP95l <- 0.794
DOR <- 37.935;DOR95h <- 79.132;DOR95l <- 18.185
AUC <- 0.906
```

예를 들면 SN에는 0.841이 지정된다. 대소문자를 모두 구별하니 실수하지 않도록 주의한다. 여기서 AUC는 뒤에서 실행할 mada 패키지의 reitsma 함수에서 나온 값이니 찾아서 입력해야 한다.

R에서 테이블을 만드는 방법은 여러 가지가 있는데 가장 일반적인 data.frame 함수를 사용해보자. data.frame은 문자와 숫자를 혼용해서 넣을 수 있다. 문자변수에는 쌍따옴표("")를 써주어야 한다.

```
.DTA_statistics_table <- data.frame(
"Item" = c("Sensitivity", "Specificity", "DOR", "AUC"),
"Est" = c(SN, SP, round(DOR,3), AUC),
"CI95l" = c(SN95l,SP95l, round(DOR95l,3),"-"),
"CI95h" = c(SN95h,SP95h, round(DOR95h,3),"-")
)
```

data.frame 함수에 변수(세로) 이름을 입력하고 이후 각 값을 입력한다. 예를 들어 첫 번째 열에는 변수 이름이 Item이 되며 이후 Item 안에는 벡터('c'로 표기)가 생성되는데 Sensitivity, Specificity, DOR, AUC 순으로 입력된다. 모두 문자변수이므로 큰따옴표를 표시해주었다. 두 번째 열에는 변수 이름이 Est가 되며 벡터 값은 앞에서 지정해놓은 차례대로 SN(0.841), SP(0.861), DOR(18.185)이 들어가는데 round() 처리한 것은 소수점 셋째 자리에서 반올림하라는 의미이다. 제일 끝에 "−"는 값이 없음을 표현한 것이다.

단변량 분석 요약추정치 테이블은 DTA_statistics_table의 데이터로 지정되는데 이를 확인하면 [그림 3-10]과 같다.

```
.View(DTA_statistics_table)
```

	Item	Est	CI95l	CI95h
1	Sensitivity	0.841	0.788	0.882
2	Specificity	0.861	0.794	0.909
3	DOR	37.935	18.185	79.132
4	AUC	0.906	-	-

[그림 3-10] 단변량 분석 결과 요약추정치 테이블

2) 이변량 분석(bivariate analysis)

이변량 분석을 위한 "mada" 패키지는 솔직히 불편하다. 다른 진단검사 메타분석 프로그램인 Meta–DiSc 또는 Stata에서와 같이 민감도와 특이도, 진단오즈비를 직접 제시하지 않는다. 심지어 forest plot조차도 종합효과크기는 없고 단순히 개별 연구들의 효과크기만을 보여주므로 종합된 결과를 보여주려면 source code를 찾아 이를 계산해주어야 한다. 따라서 본서에서는 단변량 분석에서 이미 요약추정치(민감도, 특이도, 진단오즈비)를 각각 실행하였으며 이어지는 이변량 분석에서는 "mada" 패키지를 활용하여 SROC 곡선만을 추정하고자 한다.

"mada" 패키지를 로딩하기에 앞서 앞에서 사용한 "meta" 패키지를 내려준다. 왜냐하면 "mada"와 "meta"는 forest 함수를 같이 사용하는데 이것이 겹쳐져 실행이 안 될 수 있기 때문이다.

```
.detach(package:meta)
```

(1) 진단검사 메타분석 요약곡선(SROC 곡선)

이변량 분석을 위한 패키지를 로딩시킨다.

```
.library(mada)
```

"mada" 패키지를 이용해서 민감도, 특이도, 진단오즈비의 단변량 분석 그림을 보려면 다음과 같이 입력한다.

```
.forest(madad(dta_shim), type="sens", xlab = "Sensitivity", snames = dta_
shim$id)
.forest(madad(dta_shim), type="spec", xlab = "Specificity", snames = dta_
shim$id)
.forest(madauni(dta_shim))
```

앞의 단변량 분석에서 구하였던 그림과 동일하며 요약추정치의 종합효과크기를 제시하지 않으므로 추천하지 않는다.

"mada" 패키지 중에서 이변량 모델에 적합한 reitsma 함수를 사용한다.

```
.fit <- reitsma(dta_shim, correction.control = "single")
.summary(fit)
```

reitsma 함수에 dta_shim 데이터를 넣고, 데이터의 셀이 '0'일 경우 계산불능 방지를 위해서 전체 연구의 모든 셀에 0.5를 넣거나(correction.control = "all") 해당 연구(가로)의 셀들만 보정(correction.control = "single")할 수 있다. 옵션에서 'correction = 0.5'처럼 임의 수치로 조절할 수 있는데 0.5가 default이다. reitsma 함수를 사용한 모델은 fit으로 지정된다. 콘솔 창 중간 부분에 AUC 값이 0.906으로 표시되며 HSROC 모델에 해당하는 값들도 표시되니 참고하기 바란다.

이제 본격적으로 SROC 곡선을 그려보자. 그래프를 명령어 순서대로 그리는데 메모리 상에 제일 처음 그린 SROC 곡선이 남아 있으므로 겹쳐져 나타난다.

```
.plot(fit, sroclwd = 2, xlim = c(0,1), ylim = c(0,1), main = "SROC curve
(bivariate model) for Diagnostic Test Accuracy")
```

plot은 그래프를 그리는 함수이다. 설정된 모델 fit을 넣고 sroclwd = 2로 SROC 곡선의 두께를 지정하며, xlim과 ylim을 조절해서 x축과 y축의 단위를 조절한다. 현재는 최소 0에서 최대 1까지를 표시한 것이다.

```
.points(fpr(dta_shim), sens(dta_shim), pch = 2)
```

points는 개별 연구를 넣어주는 것이다. fpr()과 sens()는 각각 해당 데이터 내의 개별 연구의 false positive rate와 sensitivity를 표시하는 것이며 pch = 2는 점의 모양을 나타낸다. 네모(0), 동그라미(1), 세모(2), 십자가(3), 가위표(4), 마름모(5), 역삼각형(6), 별표(8), 검은 점(20) 등 다양하며 세모(2)가 식별력이 가장 좋아 보인다.

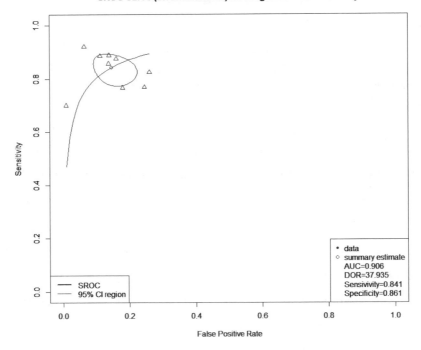

[그림 3-11] SROC 곡선

```
.legend("bottomright", c("data", "summary estimate", "AUC=0.906",
"DOR=37.935", "Sensivivity=0.841", "Specificity=0.861"), pch =
c(2,1,1000,1000,1000,1000) )
.legend("bottomleft", c("SROC", "95% CI region"), lwd = c(2,1))
```

 SROC 곡선의 좌하단과 우하단에 요약통계치를 넣어주기 위한 주석이다. 하나씩 수치
를 조절하거나 제거해보면 용도를 쉽게 알아차릴 수 있다. 이 중 pch에 1000은 원래 없는
값으로 모양을 표시하지 않으려는 속임수이다.

188

(2) 이질성 검토

요약추정치와 요약곡선을 제시하면 진단검사 메타분석의 주요 부분은 구한 것이다. 이후에는 일반 메타분석과 마찬가지로 연구의 이질성을 확인하고, 만약 유의한 인자가 있다면 이를 검정하고 보고하는 과정을 행해야 한다.

SROC 곡선의 기본 가정은 모든 연구에서 ROC 곡선의 형태가 동일하다는 것이다. 그렇지만 연구들 간에 이질성이 존재한다면 이러한 기본 가정을 충족시키지 못한다. 이질성의 원인은 우연(chance), cut-off value 차이, 연구디자인 차이, 유병률, 연구환경, 그리고 표본집단의 인구사회학적 요인에 이르기까지 매우 다양하다(Shim et al., 2015).

진단검사 메타분석에서는 이질성 여부를 진단할 수 있는 다양한 방법을 제시하고 있다.

- 첫째, SROC 곡선의 비대칭성이다.
- 둘째, SROC 곡선 내 개별 연구들의 흩어짐 정도이다. 연구들의 변량이 크다면 이질성을 의심할 수 있다.
- 셋째, forest plot(민감도, 특이도, 진단오즈비)에서 연구 간 변동이 연구 내 변동보다 큰 경우 이질성을 의심할 수 있다.
- 넷째, 민감도와 특이도의 상관계수가 0보다 큰 양수인 경우 이질성을 의심할 수 있다.

첫 번째부터 세 번째까지의 방법은 모두 시각적인 구분에만 의존하기에 전체적인 윤곽만 파악할 수 있다.

SROC 곡선의 대칭성이란, SROC 곡선의 Y축 상단에서 X축 우하단으로 임의의 직선을 나누었을 때 양분된 SROC 곡선의 모형이 일치하는지를 보는 것이다. 즉 SROC 곡선이 대칭성을 나타내며 변곡점이 좌측 상단으로 그려지고 급격히 꺾이면, SROC 곡선 아래 면적(AUC, area under the curve)이 커지게 되고 Youden's J index(J = 민감도 + 특이도 -1)가 높아져 좋은 진단검사임을 가늠할 수 있다. 본 예제의 SROC 곡선은 육안으로 보기에 비대칭성이 크지 않을 것으로 판단되며 개별 연구들의 흩어짐 정도도 크지 않아 보인다.

forest plot(그림 3-5, 3-7, 3-9)에서의 연구 간 변량과 연구 내 변량을 살펴보면 연구 간 변량이 크다고 판단되지 않는다.

■ 민감도 특이도 상관계수

마지막으로 민감도와 특이도의 상관계수를 알아보기 위하여 현재 데이터에 변수를 추가로 만든다.

```
dta_shim$sn <- dta_shim$TP/(dta_shim$TP+dta_shim$FN)
dta_shim$sp <- dta_shim$TN/(dta_shim$FP+dta_shim$TN)
dta_shim$logitsn <- log(dta_shim$sn/(1-dta_shim$sn))
dta_shim$logitsp <- log(dta_shim$sp/(1-dta_shim$sp))
```

R에서는 해당 데이터의 변수를 사용하기 위해 '$' 표시를 사용한다(예: dta_shim 데이터의 TP 변수를 지정한다면 dta_shim$TP). 우선 수식을 이용하여 개별 연구별 민감도(dta_shim$sn)와 특이도(dta_shim$sp)를 구한다. 그런 다음 민감도와 특이도는 비율 자료로서 분포의 가정을 만족시키기 위하여 각각 로짓변환을 한다. 변수가 잘 생성되었는지 확인해 본다.

```
View(dta_shim)
```

	id	TP	FP	FN	TN	g	type	sn	sp	logitsn	logitsp
1	Wiegmann	21	1	9	104	1	A	0.7000000	0.9904762	0.8472979	4.644391
2	Bouhanick	49	21	7	110	1	A	0.8750000	0.8396947	1.9459101	1.655958
3	Schwab	24	5	3	31	1	A	0.8888889	0.8611111	2.0794415	1.824549
4	Zelmanovitz	39	6	5	48	0	B	0.8863636	0.8888889	2.0541237	2.079442
5	Ahn	23	9	7	41	0	B	0.7666667	0.8200000	1.1895841	1.516347
6	Ng	12	7	2	44	0	B	0.8571429	0.8627451	1.7917595	1.838279
7	Gansevoort	10	13	3	40	1	A	0.7692308	0.7547170	1.2039728	1.123930
8	Incerti	82	12	7	177	0	B	0.9213483	0.9365079	2.4608091	2.691243
9	Sampaio	99	45	21	128	0	B	0.8250000	0.7398844	1.5505974	1.045368

[그림 3-12] 로짓변환한 민감도와 특이도 변수 생성

로짓변환한 변수가 생성되면 이제 민감도와 특이도의 상관계수를 구한다.

```
cor(dta_shim$logitsn, dta_shim$logitsp)
```

상관계수를 구하는 함수는 cor이며 로짓변환한 민감도와 특이도를 넣어주면 −0.227의 상관계수를 구할 수 있다.

민감도와 특이도가 상호 균등하고 정상적인 대칭 분포라면 상충관계(trade−off)를 보이는데, 이것은 서로 대립하면서 균형을 맞추게 되어 한쪽이 낮아지면 반대쪽이 올라가게 된다. 따라서 특정 진단검사에서 cut−off value를 어떻게 설정하느냐에 따라서 두 측정치의 크기는 서로 반대 방향으로 달라지게 되며, 두 측정치의 상관관계는 음의 값을 가질 수밖에 없다. 본 예제의 상관계수는 음의 값을 나타내므로 이질성이 높지 않을 것으로 판단된다.

■ 메타회귀분석

"mada" 패키지에서는 진단검사 메타회귀분석을 위한 기능을 제공하지 않는다. 따라서 진단오즈비를 효과크기로 하는 메타회귀분석을 실시하여 조절변수 g(서구유럽국가 vs 기타국가)에 대한 통계적 유의성을 확인한다.

```
.library(meta)
.metareg(DOR_model, g, method.tau="REML", digits=3)
```

앞에서 "mada" 패키지를 실시할 때 "meta"를 로딩 해제하였기 때문에 다시 메모리에 패키지를 로딩한다. 이후 메타회귀분석 함수 metareg에 진단오즈비 메타분석모델과 조절변수로 예상되는 변수 g를 입력한다. 여기에서는 REML 연구 간 변량(tau)을 구해서 소수점 셋째 자리까지만 확인하였다.

```
Model Results:

          estimate     se    zval    pval    ci.lb   ci.ub
intrcpt      3.608   0.496   7.280   <.001    2.637   4.579
g            0.077   0.782   0.098   0.922   -1.456   1.609
```

[그림 3-13] 진단검사 오즈비 meta-regression

메타회귀분석 결과 조절변수 g의 p-value=0.922로 통계적으로 유의하지 않은 것으로 나타났다.

3 | Meta-DiSc를 이용한 진단검사 메타분석

Meta-DiSc를 이용한 진단검사 메타분석은 솔직히 설명이 필요 없을 만큼 간단하다. 1절과 2절에서 설명한 진단검사 메타분석에 대해 이해했다면 복잡한 명령어 없이 간단히 요약추정치와 요약곡선(SROC)을 만들어낼 수 있다.

3-1 데이터 코딩 및 불러오기

Meta-DiSc에 데이터를 입력하는 가장 간단한 방법은 엑셀에서 블록을 설정한 후 복사한 다음 이를 붙여넣기 하는 것이다. 이때 프로그램상에 default로 Author, StudyId, TP, FP, FN, TN이 있는데 TP에서 TN까지의 설정만 제대로 해주면 된다.

[표 3-1]에서 예제자료로 사용한 dta_shim의 경우 subgroup 분석을 위한 조절변수 g가 있기 때문에 Meta-DiSc 테이블에서 g열을 추가한 다음 붙여넣기 한다. 마지막 열(TN)을 클릭한 다음 오른쪽 마우스 버튼을 클릭하면 Add Column으로 들어간다. 이때 변수 이름을 g로 설정한다[그림 3-14].

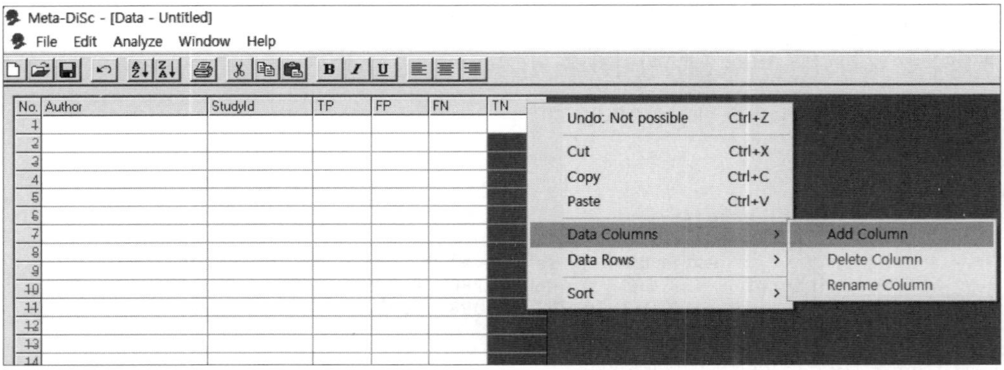

[그림 3-14] Meta-DiSc 테이블에 세로변수 추가

그런 다음 엑셀 dta_shim의 자료를 블록 설정한 후 복사하여 Meta–DiSc 테이블에 붙여넣기 한다[그림 3–15].

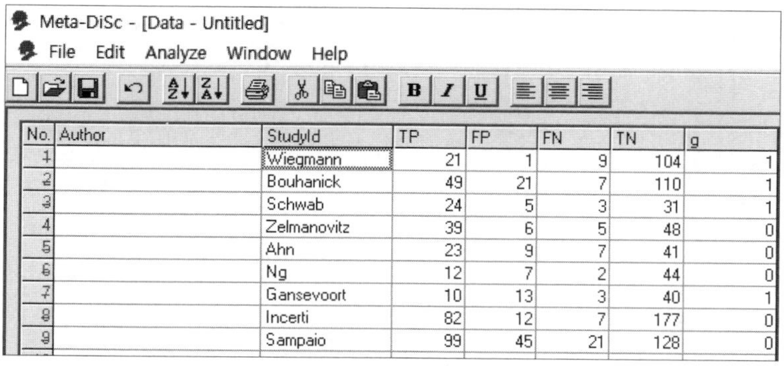

No.	Author	StudyId	TP	FP	FN	TN	g
1		Wiegmann	21	1	9	104	1
2		Bouhanick	49	21	7	110	1
3		Schwab	24	5	3	31	1
4		Zelmanovitz	39	6	5	48	0
5		Ahn	23	9	7	41	0
6		Ng	12	7	2	44	0
7		Gansevoort	10	13	3	40	1
8		Incerti	82	12	7	177	0
9		Sampaio	99	45	21	128	0

[그림 3–15] Meta–DiSc 테이블에 데이터 코딩

이를 save data로 저장하면 확장자가 dsc로 지정되며 다음부터는 불러오기에서 직접 Meta–DiSc용 파일 *.dsc를 불러들이면 된다.

3–2 요약추정치

Meta–DiSc에서는 그래픽 사용자 입력방식으로 상단 메뉴바에서 분석 메뉴를 찾아서 클릭하는 것으로 모든 분석이 이루어진다.

1) 단변량 분석

(1) 민감도와 특이도

메뉴바에서 Analyze → Tabular Results → Sensitivity/Specificity를 클릭한다.

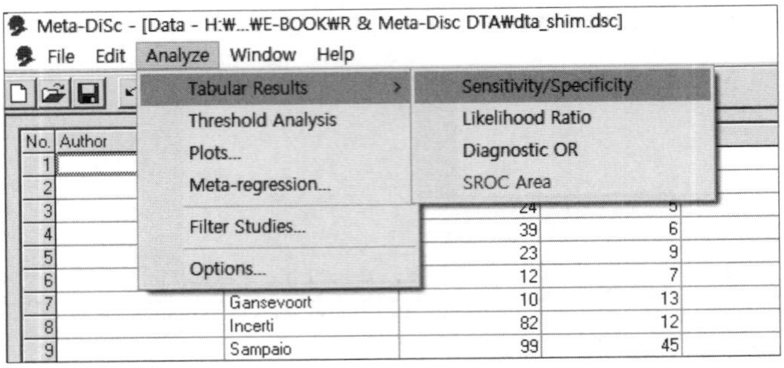

[그림 3-16] Meta-DiSc 분석 메뉴바

Summary Sensitivity

Study	Sen	[95% Conf. Iterval.]	TP/(TP+FN)	TN/(TN+FP)
Wiegmann	0.700	0.506 − 0.853	21/30	104/105
Bouhanick	0.875	0.759 − 0.948	49/56	110/131
Schwab	0.889	0.708 − 0.976	24/27	31/36
Zelmanovitz	0.886	0.754 − 0.962	39/44	48/54
Ahn	0.767	0.577 − 0.901	23/30	41/50
Ng	0.857	0.572 − 0.982	12/14	44/51
Gansevoort	0.769	0.462 − 0.950	10/13	40/53
Incerti	0.921	0.845 − 0.968	82/89	177/189
Sampaio	0.825	0.745 − 0.888	99/120	128/173
Pooled Sen	**0.849**	**0.811 − 0.881**		

Heterogeneity chi-squared = 12.22 (d.f.= 8) p = 0.142
Inconsistency (I-square) = 34.5 %
No. studies = 9.
Filter OFF
Add 1/2 to all cells of the studies with zero

Summary Specificity

Study	Spe	[95% Conf. Iterval.]	TP/(TP+FN)	TN/(TN+FP)
Wiegmann	0.990	0.948 − 1.000	21/30	104/105
Bouhanick	0.840	0.765 − 0.898	49/56	110/131
Schwab	0.861	0.705 − 0.953	24/27	31/36
Zelmanovitz	0.889	0.774 − 0.958	39/44	48/54
Ahn	0.820	0.686 − 0.914	23/30	41/50
Ng	0.863	0.737 − 0.943	12/14	44/51
Gansevoort	0.755	0.617 − 0.862	10/13	40/53
Incerti	0.937	0.892 − 0.967	82/89	177/189
Sampaio	0.740	0.668 − 0.804	99/120	128/173
Pooled Spe	**0.859**	**0.833 − 0.882**		

Heterogeneity chi-squared = 58.01 (d.f.= 8) p = 0.000
Inconsistency (I-square) = 86.2 %
No. studies = 9.
Filter OFF
Add 1/2 to all cells of the studies with zero

[그림 3-17] 단변량분석 (민감도와 특이도)

[그림 3-17]을 보면 개별 연구별 민감도와 특이도를 보여주며 요약추정치로서의 값도 제시하고 있다. 민감도는 0.849(95%CI; 0.811, 0.881)이며 Higgins' I^2는 34.5%, Cochrane Q statistics p-value=0.142로 이질성이 약하다는 것을 알 수 있다. 2절에서 R 패키지로 분석한 0.841(95%CI; 0.788, 0.882), Higgins' I^2는 32.5%, Cochrane Q statistics p-value=0.158과 근사한 값을 나타내고 있다.

특이도는 0.859(95%CI; 0.833, 0.882)이며 Higgins' I^2는 86.2%, Cochrane Q statistics p-value < 0.0001로 이질성이 존재한다는 것을 알 수 있다. 2절에서 R 패키지로 분석한 0.861(95%CI; 0.794, 0.909), Higgins' I^2는 78.3%, Cochrane Q statistics p-value < 0.0001과 근사한 값을 나타내고 있다.

[그림 3-17] 하단 부분의 'Add 1/2 to all cells of the studies with zero'는 데이터의 셀이 '0'일 경우 계산 불능 방지를 위해 해당 연구(가로)의 셀에만 0.5를 넣어 보정한다는 의미이다.

이러한 옵션 조절은 메뉴바의 Analyze → Options → Statistics → Handling studies with empty cells에서 'Drop studies / Add 1/2 to all cells / Add 1/2 to all cells of all studies' 중 하나를 선택하면 된다. 이는 앞서 2절에서 "mada" 패키지의 reitsma 함수 사용 시 전체 연구의 모든 셀에 0.5를 넣거나(correction.control="all"), 해당 연구(가로)의 셀들만 보정(correction.control="single")한 옵션과 동일하다.

■ forest plot
메뉴바의 Analyze → Plots → Sensitivity / Specificity를 클릭한다.

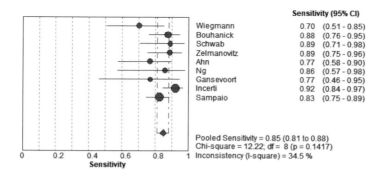

[그림 3-18] 단변량분석 (민감도 forest plot)

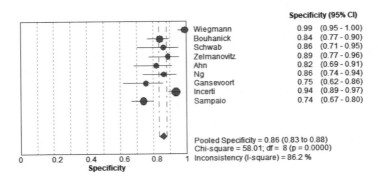

[그림 3-19] 단변량분석 (특이도 forest plot)

민감도 forest plot [그림 3-18]과 특이도 forest plot [그림 3-19]는 앞의 종합효과크기 [그림 3-17]과 동일한 정보를 제공한다. 아울러 개별 연구들의 효과크기를 그래픽으로 제시하여 연구 내 변동과 연구 간 변동을 쉽게 파악할 수 있도록 해준다. 이외에도 색깔을 넣거나 필요한 정보를 추가 제거하는 등 임의대로 작성할 수 있으니 보다 상세한 내용은 옵션들을 직접 연습해보며 익히기 바란다.

(2) 진단오즈비

메뉴바에서 Analyze → Tabular Results → Diagnostic OR을 클릭한다.

```
Summary Diagnostic Odds Ratio (Random effects model)

              Study    | DOR    [95%  Conf. Iterval.]         % Weight
-----------------------------------------------------------------------
Wiegmann               | 242.67   29.170  - 2018.7            6.98
Bouhanick              | 36.667   14.623  - 91.939            13.19
Schwab                 | 49.600   10.769  - 228.45            9.68
Zelmanovitz            | 62.400   17.704  - 219.94            11.17
Ahn                    | 14.968   4.924   - 45.506            12.04
Ng                     | 37.714   6.916   - 205.65            8.82
Gansevoort             | 10.256   2.445   - 43.028            10.18
Incerti                | 172.79   65.617  - 454.99            12.90
Sampaio                | 13.410   7.503   - 23.965            15.05
-----------------------------------------------------------------------
  (REM) pooled DOR     | 37.937   18.181  - 79.158
-----------------------------------------------------------------------
Heterogeneity chi-squared = 29.33 (d.f.= 8) p = 0.000
Inconsistency (I-square) = 72.7 %
Estimate of between-study variance (Tau-squared) = 0.8480
No. studies =  9.
Filter OFF
Add 1/2 to all cells of the studies with zero
```

[그림 3-20] 단변량분석 (진단오즈비 forest plot)

[그림 3-20]을 보면 진단오즈비(diagnostic odds ratio)는 37.937(95%CI; 18.181, 79.158)로 해당 진단검사를 통해서 질병이 없는 사람 중 검사 결과가 양성일 오즈비에 비해 질병이 있는 사람 중 검사 결과가 양성일 오즈비가 약 38배 높게 나타났다. Higgins' I^2는 72.7%, Cochrane Q statistics p-value < 0.0001로 이질성이 존재한다는 것을 알 수 있다. 2절에서 R 패키지로 분석한 결과 역시 37.935(95%CI; 18.186, 79.132), Higgins' I^2는 72.7%, Cochrane Q statistics p-value < 0.0001로 동일한 값을 보여준다.

■ forest plot

메뉴바에서 Analyze → Plots → Diagnostic OR을 클릭하면 동일한 정보의 forest plot을 만들 수 있다.

2) 이변량 분석(bivariate analysis)

(1) 진단검사 메타분석 요약곡선(SROC 곡선)

메뉴바에서 Analyze → Plots → SROC Curve를 클릭한다.

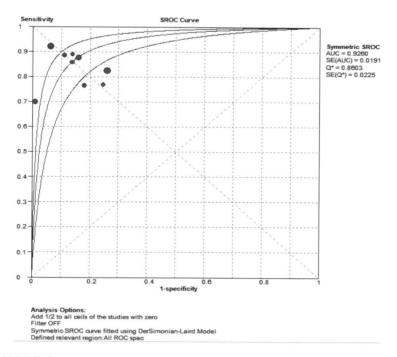

[그림 3-21] SROC 곡선

우측 상단에 AUC 값 0.926이 표시되고, 하단에는 DerSimonian–Lair Model을 사용하여 연구 간 변량(tau)을 계산해 SROC 곡선을 구하였다는 사항이 표시된다.

(2) 이질성 검토를 위한 메타회귀분석

본 예제자료에서 조절변수로 예상되는 변수 g(1은 서구유럽국가, 0은 서구유럽국가를 제외한 나라)에 대한 메타회귀분석을 실시한다.

메뉴바에서 Analyze → Meta-regression을 클릭하면 [그림 3–22]와 같이 조절변수를 입력하는 메뉴창이 나타난다. 여기서 왼쪽 Covariates의 g를 클릭한 다음 '+' 버튼을 누르면 오른쪽 Model로 이동한다.

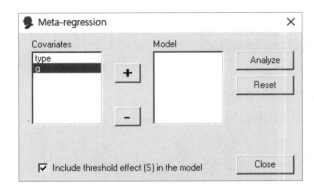

[그림 3-22] 메타회귀분석 조절변수 입력창

그런 다음 Analyze를 클릭하면 분석이 실시된다.

```
Meta-Regression(Inverse Variance weights)


Var           Coeff.         Std. Err.        p - value         RDOR          [95%CI]
--------------------------------------------------------------------------------------
Cte.           3.602          0.4565           0.0002           ----           ----
S             -0.587          0.3630           0.1569           ----           ----
g             -0.203          0.7449           0.7946           0.82         (0.13;5.05)

--------------------------------------------------------------------------------------
Tau-squared estimate =  0.7201 (Convergence is achieved after 7 iterations)
Restricted Maximum Likelihood estimation (REML)

No. studies =    9
Filter OFF
Add 1/2 to all cells of the studies with zero
```

[그림 3-23] 메타회귀분석

198

메타회귀분석 결과 조절변수 g의 *p*-value=0.795로 통계적으로 유의하지 않은 것으로 나타났다[그림 3-23].

현재의 모델은 역분산가중치(inverse variance)와 연구 간 변량을 REML(restricted maximum likelihood) 모델을 기반으로 계산한 값이다. 메뉴바에서 Analyze → Options → Regression models을 클릭하면 다른 모델도 설정할 수 있으니 직접 실습해보기 바란다. 모델이 달라지더라도 전체적인 방향성에서는 차이가 없을 것이다.

4 | 결론

R의 다양한 패키지를 활용하여 진단검사 메타분석의 요약추정치를 단변량분석에서 이변량분석과 SROC 곡선까지 다루어보았다. 그러나 진단검사 메타분석을 위한 R 패키지는 조금 불편하다. 그래서 이번 장에서는 Meta-DiSc 프로그램을 활용한 분석방법도 같이 다루었다. 아무쪼록 연구자들이 진단검사 메타분석의 이론적 배경을 잘 이해하고 다양한 도구들의 사용 방법을 익혀서 관련 연구들이 활성화되기를 바란다.

```
#예제자료는 dta_shim.csv 이다.
#작업폴더 설정(C드라이브 이하 본인이 원하는 폴더를 만들어서 지정)
setwd("C:/r_temp/dta")

#"meta" 패키지 불러오기
library(meta)
```

R의 "mada" & "meta" 패키지를 이용한 진단검사 메타분석

```
#데이터 코딩 및 불러오기
dta_shim <- read.csv("dta_shim.csv", header=TRUE)
```

▶ Descriptive statistics; Univariate analysis

```
library(meta) #"meta" 패키지 불러오기

#Sensivivity & Specificity를 metaprop를 이용해서 로짓변환해 계산한 후 환원한다.
#sm=sm="PLOGIT"(로짓변환, default), "PLN"(로그변환), "PRAW"(변환 없음)
#method.ci="CP"(Clopper-Pearson interval also called 'exact' binomial
interval, default)
sensitivity_logit <- metaprop(TP, TP+FN,comb.fixed=FALSE,comb.random=
TRUE,sm="PLOGIT", method = "Inverse", method.ci="CP",studlab=id, byvar=g,
data=dta_shim) #logit transformed
print(sensitivity_logit, digits=3)
forest(sensitivity_logit, digits=3, rightcols=c("effect", "ci"), xlab =
"Sensitivity")
```

```r
specificity_logit <- metaprop(TN, TN+FP,comb.fixed=FALSE,comb.random= TRUE,
sm="PLOGIT", method = "Inverse", method.ci="CP",studlab=id, byvar=g, data=dta_
shim) #logit transformed
print(specificity_logit, digits=3)
forest(specificity_logit, digits=3, rightcols=c("effect", "ci"), xlab =
"Specificity")


#DOR계산하기 random 모형의 OR과 동일하다.
DOR_model <- metabin(TP,TP+FP,FN,FN+TN, sm="OR",comb.fixed=FALSE,comb.random=
TRUE, method ="Inverse", id, byvar=g, data=dta_shim)
print(DOR_model) #OR값과 신뢰구간을 확인할 수 있다.
forest(DOR_model, digits=3, rightcols=c("effect", "ci"), xlab = "Diagnostic
Odds Ratio"


##DTA statistics table; data.frame로 만든다##
#수동입력 개별 결과에서 찾아서 수동으로 넣어야 한다.
SN <- 0.841;SN95h <- 0.882;SN95l <- 0.788
SP <- 0.861;SP95h <- 0.909;SP95l <- 0.794
DOR <- 37.935;DOR95h <- 79.132;DOR95l <- 18.185
AUC <- 0.906 #mada 패키지 reitsma 함수에서 나온 값이다.


#요약추정치 테이블 생성
DTA_statistics_table <- data.frame(
 "Item" = c("Sensitivity", "Specificity", "DOR", "AUC"),
 "Est" = c(SN, SP, round(DOR,3), AUC),
 "CI95l" = c(SN95l,SP95l, round(DOR95l,3),"-"),
 "CI95h" = c(SN95h,SP95h, round(DOR95h,3),"-")
)
```

▶ Descriptive statistics; bivariate analysis

```
#패키지 "meta"와 "mada"가 forest 함수를 서로 겹치게 되므로 사용하지 않는 "mada" 패키지는
일단 메모리에서 내린다.
detach(package:meta)
library(mada) # mada 패키지 불러오기

#reitsma model
fit <- reitsma(dta_shim, correction.control = "single") #reitsma모델(bivariate
모델)을 fit으로 설정한다.
summary(fit) #sn만 확인 가능하다.

#SROC plot
plot(fit, sroclwd = 1, xlim = c(0,1), ylim = c(0,1),
    main = "SROC curve (bivariate model) for Diagnostic Test Accuracy")
#sroc 곡선에 개별 연구를 넣어준다.
points(fpr(dta_shim), sens(dta_shim), pch = 2)
#sroc 곡선 좌하단과 우하단에 요약통계치를 넣어준다. pch에 1000은 모양을 표시하지 않으려는 속
임수이다.
legend("bottomright", c("data", "summary estimate", "AUC=0.906", "DOR=37.935",
"Sensivivity=0.841", "Specificity=0.861"), pch = c(20,1,1000,1000,1000,1000) )
legend("bottomleft", c("SROC", "95% CI region"), lwd = c(2,1))


##진단검사 결과의 이질성 검토##

# sensitivity 와 specificity의 상관관계;이질성 확인
dta_shim$sn <- dta_shim$TP/(dta_shim$TP+dta_shim$FN)
dta_shim$sp <- dta_shim$TN/(dta_shim$FP+dta_shim$TN)
dta_shim$logitsn <- log(dta_shim$sn/(1-dta_shim$sn))
dta_shim$logitsp <- log(dta_shim$sp/(1-dta_shim$sp))
```

```
#상관계수 구하기
cor(dta_shim$logitsn, dta_shim$logitsp)

###meta-regression##
#DOR에서 만들어놓은 DOR_model을 사용하여 메타회귀분석을 실시
library(meta) #meta 패키지 로딩
metareg(DOR_model,g, method.tau="REML", digits=3)
```

4장

R 용량-반응 메타분석

용량-반응 메타분석의 이해

R 의 "dosresmeta" 패키지를 이용한 용량 −반응 메타분석

부록: R 용량-반응 메타분석 코드

용량-반응 메타분석을 위한 패키지

R에서 용량-반응 메타분석을 실행하려면 "dosresmeta" 패키지가 필요하며 다변량 메타분석 관련 패키지 "mvtnorm", "ellipse", "mvmeta"도 미리 설치해야 한다. 더불어 restricted cubic spline을 위해서 "rms" 패키지도 설치한다.

```
.install.packages("dosresmeta")
.install.packages("mvtnorm")
.install.packages("ellipse")
.install.packages("mvmeta")
.install.packages("rms")
```

또한 R에서 일반 중재 메타분석을 실시하는 패키지 "meta", "metafor", "rmeta"도 미리 설치해 둔다.

```
.install.packages("meta")
.install.packages("metafor")
.install.packages("rmeta")
```

R 중재 메타분석에 대해서는 1장의 내용을 꼭 참조하기 바란다.

용량-반응 메타분석 R 패키지에 대한 설명은 아래 사이트에 각 패키지별 상세 코드, 자료, 참고 문헌 등이 있으니 참고하기 바란다.

- https://alecri.github.io/software/dosresmeta.html

- https://github.com/alecri/dosresmeta

1 │ 용량-반응 메타분석의 이해

용량-반응 메타분석(dose-response meta-analysis)은 기본적으로 질병의 위험도와 노출 용량(exposure dose)과의 관계를 양적연구(quantitative study)들을 통해서 밝혀내는 것이다.

메타분석을 실행하기 위해 여러 문헌에서 통계량을 추출하는 경우를 생각해보자. 약물의 용량에 따라 효과크기가 여러 개 제시되어 있을 때 연구자는 하나의 연구에서 하나의 효과크기만을 사용할지, 또는 모든 효과크기를 포함해서 분석해야 할지 고민에 빠지게 된다. 전자를 선택하면 연구를 시작하기도 전에 선택편향(selection bias)에 빠질 것이기 때문에 후자를 선택하고 싶으나 적절한 메타분석 방법이 소개되어 있지 않다.

따라서 이때 가장 적절한 통계 방법이 바로 용량-반응 메타분석이다. 용량-반응 메타분석은 특히 노출량을 세 범주(categorical data) 이상으로 분류하여 위험도를 제시한 경우에 노출량에 따른 위험도의 경향(trend)을 보여줄 수 있어 매우 유용한 분석방법이라고 할 수 있다.

최근에는 용량-반응 메타분석을 위한 다양한 분석 도구가 개발되었는데, 특히 Nicola Orsini가 개발한 2단계(two-stage) 메타분석 방법을 응용한 R의 "dosresmeta" 패키지와 Stata의 "drmeta"는 이전에는 다루지 못했던 연속형 자료까지 분석할 수 있다.

이 장에서는 용량-반응 메타분석을 위해서 이해해야 할 R의 기본적인 명령어 사용법과 이를 도식화하는 방법에 초점을 맞추어 살펴보겠다.

1-1 용량-반응 메타분석 모형

Greenland와 Longnecker(Greenland & Longnecker, 1992)는 참조범주(referent group) 와 각 노출량 구간별(exposure dose level) 위험도의 상관성(correlation)을 일반화 최소제 곱모형(generalized least-squares regression)을 활용하여 선형성(linear trend)을 추정하 는 방법으로 제시하였다. 또한 Berlin(Berlin et al., 1993)은 용량-반응 다중연구(multiple studies)에서 랜덤효과 회귀모형(random effect regression)을 적용한 2단계(two-stage) 메 타분석 방법을 제시하였다(Shim et al., 2016).

2단계 메타분석이란 첫 번째 단계(first stage)에서 개별 연구 각각의 회귀계수를 구한 다음 두 번째 단계(second stage)에서 개별 연구 회귀계수들의 가중평균을 수렴해서 전 체 계수를 산정하는 것이다. 그런데 이 방법은 선형성을 가정하였을 때는 적용할 수 있지 만 비선형(non-linear) 관계에서는 적용할 수 없었다. 이에 비선형성을 가정한 분석방법에 대한 필요성이 요구되었으며, 용량 구간별로 나누어서 효과크기를 보는 비선형을 가정한 분석 방법이 개발되었다(Greenland, 1995). Liu(Liu et al., 2009)는 비선형성 관계에서도 잘 수렴하도록 이차분석 모델(quadratic random effect) 모형을 적용하는 방법을 제시하였 다. 그리고 Orsini(Orsini & Greenland, 2011)는 유동적 비선형(flexible nonlinear) 모형을 restricted cubic spline으로 구간화하여 비선형성을 통계적으로 검정하고 이를 그래픽으 로 명확히 보여주었는데, 이것이 현재의 표준화된 용량-반응 메타분석 방법이다.

일반적으로 시간과 용량 의존적인 모델에서는 선형분석 모델보다는 비선형분석 모델 인 이차분석 모델(quadratic model), 삼차분석 모델(restricted cubic spline model) 등이 현 상을 잘 반영하는 경향이 있다. 따라서 최초 분석을 실시할 때 다양한 모델에 대한 검토 를 충분히 실시한 후 해당 연구에 가장 적합한 모델을 찾아내려는 노력을 기울여야 한다.

1-2 노출용량 결정하기

용량–반응 연구들을 취합할 때 특정 용량을 정확히 제시하고 있는 경우는 거의 찾아보기 힘들다. 대부분은 용량을 중위수(median)나 구간별로 제시한다. 중위수로 제시할 경우는 그대로 사용할 수 있지만 구간별로 제시한 경우는 연구자가 이를 특정 용량으로 설정해주어야 하는데 기본적인 방법은 다음과 같다.[*]

- 첫째, 참조범주(reference)의 용량은 0이다(예, OR이 1인 경우).
- 둘째, 구간 범주가 앞과 뒤 수치로 닫혀 있으면 중위수를 용량으로 한다(예, 10~20일 경우 15).
- 셋째, 가장 작은 용량의 앞이 열려 있으면 앞을 0으로 간주하고 해당 범주의 중위수를 용량으로 한다(예, <10일 경우 5).
- 넷째, 가장 큰 용량의 뒤가 열려 있으면 바로 전 구간 범주의 중위수에서 앞 수치를 뺀 값을 마지막 범주에 더하여 용량으로 한다. 예를 들어, 바로 전 구간이 10~20이며 가장 큰 용량 구간이 >20일 경우, 바로 전 구간의 중위수 15에서 10을 뺀 5를 가장 큰 용량구간 20에 더해주어 25가 된다.

---

[*] 보다 상세한 설명은 '황성동, 심성률 (2018). 《메타분석–forest plot에서 네트워크 메타분석까지》. 한나래출판사' 를 참고하기 바란다.

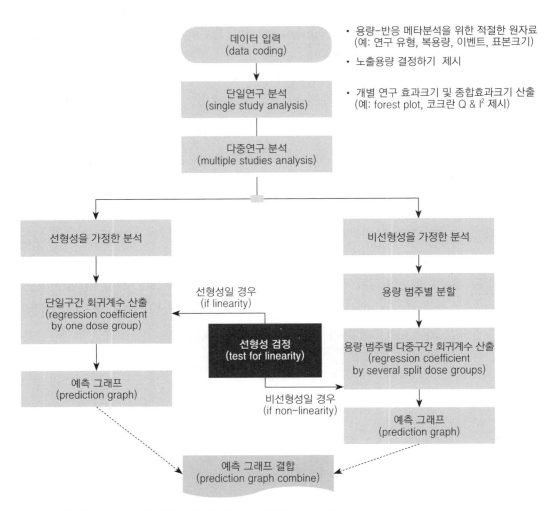

[그림 4-1] R "dosresmeta" 패키지를 이용한 용량–반응 메타분석 순서도

　　[그림 4-1]은 일반적인 용량–반응 메타분석의 흐름을 나타낸다. 최초 자료 코딩 시 해당 함수에 적합하도록 변수명을 수정해야 하며, 선형성을 가정한 분석과 비선형성을 가정한 분석을 동시에 실행한 후 보고한다.

이분형 예제자료(binary data)

[표 4-1] 알코올 섭취와 심혈관질환의 위험도 (이분형 예제자료)[*]

author	id	type	dose	cases	n	logrr	se
Bianchi	1	cc	0.00	126	414	0.000	NA
Bianchi	1	cc	9.06	61	261	−0.223	0.223
Bianchi	1	cc	27.00	69	228	0.000	0.234
Bianchi	1	cc	45.00	22	44	0.531	0.377
Bianchi	1	cc	64.80	19	34	0.875	0.444
Bobak	2	cc	0.00	77	258	0.000	NA
Bobak	2	cc	16.05	88	413	−0.431	0.221
Bobak	2	cc	46.42	24	202	−1.079	0.298
Bobak	2	cc	77.16	13	64	−0.616	0.387
Malarcher−wine	3	cc	0.00	83	208	0.000	NA
Malarcher−wine	3	cc	1.18	46	175	−0.580	0.317
Malarcher−wine	3	cc	8.92	17	58	−0.562	0.419
Malarcher−wine	3	cc	18.72	4	11	0.615	0.909
Malarcher−beer	4	cc	0.00	83	208	0.000	NA
Malarcher−beer	4	cc	0.95	29	117	−0.288	0.333
Malarcher−beer	4	cc	7.43	32	81	0.513	0.338
Malarcher−beer	4	cc	15.60	18	39	−0.315	0.471
Vliegenthart−wine	5	ci	0.00	159	480	0.000	NA
Vliegenthart−wine	5	ci	6.00	229	975	−0.416	0.144
Vliegenthart−wine	5	ci	18.00	38	207	−0.635	0.238
Vliegenthart−wine	5	ci	28.80	39	133	−0.083	0.274
Vliegenthart−beer	6	ci	0.00	302	1269	0.000	NA
Vliegenthart−beer	6	ci	6.25	129	436	−0.223	0.157
Vliegenthart−beer	6	ci	18.75	19	49	−0.010	0.351
Vliegenthart−beer	6	ci	30.00	15	41	−0.261	0.417

id, 숫자로 연구를 구분해야 함. Type, cc(case control); ir(incidence rate); ci(cumulative incidence)를 나타냄.

---

[*]   http://alessiocrippa.altervista.org/data/alcohol_cvd

1) 데이터 코딩 및 불러오기

용량-반응 메타분석을 위한 이분형 예제로서 알코올 섭취 용량에 따른 심혈관질환의 위험도를 R의 예제 데이터에서 발췌하였다.

자료를 코딩할 때 주의할 점은 id는 숫자로 연구를 구분해야 하며 type은 case control, incidence rate, cumulative incidence를 각각 cc, ir, ci 문자로 입력해야 한다는 것이다.

작업폴더에 넣어둔 예제파일을 아래의 명령어로 R 메모리에 불러온다. 이때 한 가지 주의할 점은 R에서는 쉼표로 구분된 수치파일(csv) 형태를 선호하므로 파일을 미리 해당 포맷으로 저장해서 지정된 작업폴더에 넣어두어야 한다는 것이다[표 4-1].

```
.data_bin <- read.csv("drma_bin.csv", header=TRUE)
```

read.csv는 csv 파일을 불러오는 함수로 파일명 "drma_bin.csv"를 불러와서 파일의 첫 번째 변수명을 그대로 쓴다는 뜻이다(header=TRUE). 이렇게 로딩된 csv 파일은 R 메모리에서는 data_bin이라는 이름의 객체(object)로 저장된다. 이를 확인해보려면 View 함수에 지정한 데이터를 넣어준다.

```
.View(data_bin)
```

2) 선형분석 모델(linear model)

용량-반응 메타분석을 실행하기 위해 "dosresmeta" 패키지를 로딩시킨다.

```
.library(dosresmeta)
```

선형성을 가정한 분석에서는 용량변수를 하나의 묶음으로 처리하여 분석을 실시한다. 수집된 대상연구는 개별 연구들이 각각 하나씩의 참조범주를 지니는데 2단계(two-stage) 메타분석을 활용하여 개별 연구의 회귀계수를 구한 다음 이들의 가중평균을 수렴해서 전체 회귀계수를 산정하는 명령어는 다음과 같다.

212

```
.lin_bin <- dosresmeta(formula = logrr ~ dose, id = id, type = type, se = se,
cases = cases, n = n, data = data_bin)
.summary(lin_bin)
```

dosresmeta 함수에 여러 인수(argument)를 넣어서 선형분석 모델 lin_bin을 만든다. formula는 용량–반응 메타분석에서 일종의 회귀분석 같은 기능을 한다. 따라서 formula 다음에 종속변수인 logrr을 넣고 '~' 다음에 독립변수인 dose를 위치시킨다. 이후 id, type, se, cases, n을 넣고 이 변수들이 있는 데이터 data_bin을 표시한다.

summary 명령어를 통해서 살펴보면 다음과 같다.

```
Call:  dosresmeta(formula = logrr ~ dose, id = id, type = type, cases = cases,
    n = n, data = data_bin, se = se)

Two-stage random-effects meta-analysis
Estimation method: REML
Covariance approximation: Greenland & Longnecker

Chi2 model: X2 = 0.5495 (df = 1), p-value = 0.4585

Fixed-effects coefficients
              Estimate  Std. Error       z  Pr(>|z|)  95%ci.lb  95%ci.ub
(Intercept)    -0.0044      0.0059  -0.7413    0.4585   -0.0159    0.0072
---
Signif. codes:  0 '***' 0.001 '**' 0.01 '*' 0.05 '.' 0.1 ' ' 1

Between-study random-effects (co)variance components
  Std. Dev
    0.0100

Univariate Cochran Q-test for residual heterogeneity:
Q = 14.1464 (df = 5), p-value = 0.0147
I-square statistic = 64.7%

6 studies, 6 values, 1 fixed and 1 random-effects parameters
  logLik      AIC      BIC
 13.1383 -22.2765 -23.0577
```

[그림 4-2] 선형분석 모델 (이분형 예제자료)

본 분석은 Nicola Orsini가 개발한 2단계 방법을 사용했으며 REML(restricted maximum likelihood) 모델을 기반으로 계산하였다. 공변량은 Greenland & Longnecker 방법을 사용하였다.

추정된 회귀계수는 −0.0044로 통계적으로 유의하지 않게 나타났다(p=0.4585). 또한 이질성을 확인할 수 있는 Cochrane Q statistics의 p–value(0.0147)와 I^2 값(64.7%)을 통해 본 선형분석 모델은 이질성이 존재한다는 것을 알 수 있다[그림 4-2].

추정된 회귀계수는 로그변환된 상태이기 때문에 해석을 위해서 지수변환을 한다.

```
.predict(lin_bin, delta = 1, exp = TRUE)
```

지수변환한 후 위험도는 0.996(95%CI; 0.984, 1.007)이다. 따라서 이를 해석하면 알코올을 단위용량 1 섭취했을 때 심혈관질환의 위험도는 0.996배 증가하지만(또는 0.4% 감소하지만) 95% 신뢰구간이 1을 포함하여 통계적으로 유의하지 않다는 것을 알 수 있다.

■ 선형분석 모델 그래프

```
.dosex_bin <- data.frame(dose = seq(0, 80, 1))
.with(predict(lin_bin, dosex_bin, order = TRUE, exp = TRUE), {
plot(dose, pred, type = "l", col = "blue", ylim = c(0, 2),
ylab = "cardiovascular disease relative risk", xlab = "alcohol consumption,
grams/day")
lines(dose, ci.lb, lty = 2)
lines(dose, ci.ub, lty = 2)
})
```

data.frame 함수를 사용하여 용량을 0에서 80까지 1단위로 만들어서 그래프의 X축인 dosex_bin을 설정한다. 본 데이터는 앞으로 살펴볼 이차분석 모델(quadratic model)과 삼차분석 모델(cubic spline model)에서도 동일하게 X축으로 사용된다.

그래프를 그리는 명령어는 with 이하가 모두 한꺼번에 실행되어야 한다. with는 그래프를 작성할 때 참조할 데이터를 직접 지정하는 것이다. predict 함수에 선형분석모델(lin_bin), 그래프의 X축(dosex_bin), 지수변환을 위해서 (exp=TRUE)를 차례대로 넣어준다. 결국 with의 내용은 선형분석모델에 용량 0에서 80까지 1단위로 하나씩 넣어서 나오는 회귀모형의 예측값을 가지고 그래프를 그리겠다는 의미이다.

이어서 plot은 X축에 dose, Y축에 pred에 대응하는 실제 그래프를 그린다. 나머지 명령어는 그림을 보기 좋게 하기 위한 옵션이니 임의로 추가·제거해보면서 의미를 익히기 바란다.

ylim=c(0, 2)는 Y축을 0에서 2 사이만 표시한다는 것이다. 이때 값을 적절히 조절해야 그래프가 적절하게 표현된다. 마지막 두 줄 lines는 각각 95% 신뢰구간을 선으로 추가하라는 명령어다.

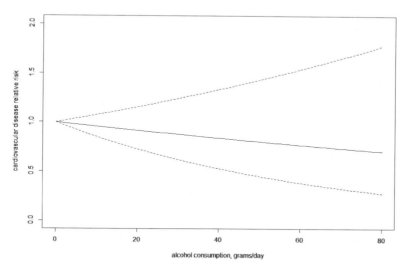

[그림 4-3] 선형분석 모델 그래프 (이분형 예제자료)

앞서 선형분석 모델의 회귀계수를 해석할 때와 동일하게 그래프는 용량에 따라서 위험도가 감소하는 형태를 나타낸다. 가운데 실선이 심혈관질환의 위험도이며 아래위 점선이 95% 신뢰구간이다[그림 4-3].

3) 이차분석 모델(quadratic model)

완전한 선형성을 가정한 분석이 아닌 이차분석 모델을 만들어보자. 간단한 방법은 용량을 제곱변환하는 것이다. 회귀계수를 산출하는 방법은 앞의 선형분석 모델과 동일하며 모델 설정 시 독립변수로 용량과 용량 제곱변환이 추가된다.

```
.quad_bin <- dosresmeta(formula = logrr ~ dose + I(dose^2), id = id, type = type, se = se, cases = cases, n = n, data = data_bin)
.summary(quad_bin)
```

dosresmeta 함수를 사용한다. formula에 종속변수인 logrr을 넣고 '~' 다음에 독립변수인 dose와 dose의 제곱을 위치시킨다. 이후 id, type, se, cases, n을 넣고 이 변수들이 있는 데이터 data_bin을 표시한다. 본 모델은 quad_bin으로 설정된다.

summary 명령어를 통해서 살펴보면 다음과 같다.

```
call:  dosresmeta(formula = logrr ~ dose + I(dose^2), id = id, type = type,
    cases = cases, n = n, data = data_bin, se = se)

Two-stage random-effects meta-analysis
Estimation method: REML
Covariance approximation: Greenland & Longnecker

Chi2 model: X2 = 6.3694 (df = 2), p-value = 0.0414

Fixed-effects coefficients
                       Estimate  Std. Error       z   Pr(>|z|)  95%ci.lb  95%ci.ub
dose.(Intercept)        -0.0302      0.0132  -2.2943    0.0218   -0.0561   -0.0044  *
I(dose^2).(Intercept)    0.0008      0.0005   1.5383    0.1240   -0.0002    0.0017
---
Signif. codes:  0 '***' 0.001 '**' 0.01 '*' 0.05 '.' 0.1 ' ' 1

Between-study random-effects (co)variance components
            Std. Dev   Corr
dose          0.0209   dose
I(dose^2)     0.0008  -0.9063

Univariate Cochran Q-test for residual heterogeneity:
Q = 35.1177 (df = 10), p-value = 0.0001
I-square statistic = 71.5%

6 studies, 12 values, 2 fixed and 3 random-effects parameters
  logLik      AIC       BIC
 32.9050  -55.8099  -54.2970
```

[그림 4-4] 이차분석 모델 (이분형 예제자료)

전체 모형 적합도는 p-value가 0.0414로 유의한 모델이다. 추정된 dose의 회귀계수는 −0.0302이며 통계적으로 유의하다(p=0.022). 또한 이질성을 확인할 수 있는 Cochrane Q statistics의 p-value(0.0001)와 I^2 값(71.5%)을 통해 이질성이 존재한다는 것을 알 수 있다[그림 4-4].

추정된 회귀계수는 로그변환된 상태이기 때문에 해석을 위해서 지수변환한다.

```
.exp(-0.0302)
```

지수변환 후 위험도는 0.970이다. 이를 해석하면 알코올을 단위용량 1 섭취했을 때 심혈관질환의 위험도는 0.970배 증가하며(또는 3% 감소하며) 통계적으로 유의하다는 것을 알 수 있다.

■ 이차분석 모델 그래프

```
.with(predict(quad_bin, dosex_bin, exp = TRUE), {
 plot(dose, pred, type = "l", ylim = c(0, 15),
 ylab = "cardiovascular disease relative risk", xlab = "alcohol
consumption, grams/day")
 lines(dose, ci.lb, lty = 2)
 lines(dose, ci.ub, lty = 2)
})
.points(dosex_bin$dose, predict(lin_bin, dosex_bin, exp = TRUE)$pred,
type = "l", lty = 3, col = "blue")
```

그래프 명령어에 대한 설명은 선형분석 모델과 동일하다. ylim=c(0, 15)는 Y축을 0에서 15 사이만 표시한다는 것이다. 마지막 points는 선형분석 모델도 같은 그림에 표시하기 위한 명령어다.

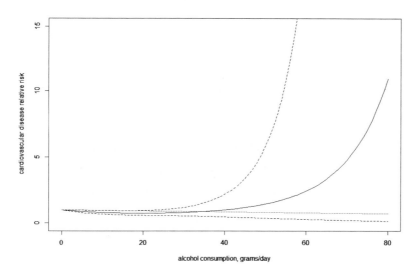

[그림 4-5] 이차분석 모델 그래프 (이분형 예제자료)

가운데 실선이 위험도이며 아래위 점선이 95% 신뢰구간이다. 아랫부분의 짧은 점선은 선형분석 모델의 위험도이다. 이차분석 모델에서의 위험도는 선형분석 모델과 약간 다른 형태를 나타낸다. 용량의 증가에 따라 약 40까지는 유사하지만 이후에는 위험도가 증가하는 경향이 있으며 70을 기점으로는 급격히 상승하는 것을 볼 수 있다. 이를 통해 알코올 섭취가 고용량(40 이상)이면 심혈관질환의 위험도가 급격히 증가한다는 것을 알 수 있다[그림 4-5].

4) 삼차분석 모델(restricted cubic spline model)

비선형 모델 중에서 삼차분석 모델을 만들어보자. 회귀계수를 산출하는 방법은 앞의 선형분석 모델과 동일하지만 그에 앞서 용량 구간을 세분화해야 한다.

(1) 용량 구간 분할

용량의 구간을 세분화하여 구간별 용량-반응에 대한 위험도를 보아야 한다. 이때 고려해야 할 것은 개별 연구들의 용량이 동일하지 않으며, 용량-반응에 대한 위험도의 관계가 비선형적이어서 용량 범주의 구간 설정에 문제가 있을 수 있다는 점이다. 따라서 비선형성 관계에서 용량 범주 설정에 관한 최적의 접근은 restricted cubic을 사용하여 구간을 세분화하는 것이다.

```
.library("rms")
.knots_bin <- quantile(data_bin$dose, c(.05, .35, .65, .95))
```

　R에서는 "rms"패키지를 통하여 restricted cubic spline(제한된 3차 구간 분할)이 가능하다. quantile 함수에 데이터를 지정한 다음 벡터 형태로 5%, 35%, 65%, 95% 구간을 분할한다. 용량 구간 분할 개수와 범위는 적절히 조절한다. 4개의 용량을 설정하면 용량 구간 knots_bin은 전체 3개(knots-1개)가 생성된다.

TIP 왜 restricted cubic spline인가?

▶ **Restricted cubic spline**

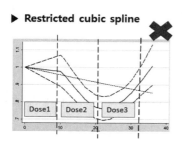 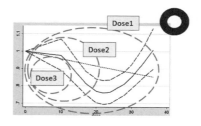

* 단순히 용량의 구간으로 범주를 나누는 것이 아니라 작은 용량 범주에서 큰 용량 범주로 갈수록 합집합의 형태를 지닌다.

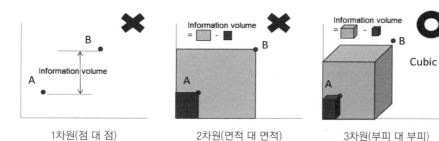

| 1차원(점 대 점) | 2차원(면적 대 면적) | 3차원(부피 대 부피) |

restricted cubic spline 수식을 따라서 계산을 해보면 용량 범주 구간의 분할에 대해 이해할 수 있겠지만, 그에 대한 설명은 본서의 범위를 벗어나므로 여기에서는 전반적인 개념으로 설명하는 것이 좋을 것 같다.

restricted cubic spline은 용량 구간 범주를 단순 용량으로 나누는 것이 아니라 작은 용량 범주에서 큰 용량 범주로 갈수록 합집합의 형태로 분할한다. 그런 다음 이 분할된 구간 범주에서 데이터(information)를 추출할 때 3차원(세제곱) 형태로 뽑아내는데, 이는 1차원 < 2차원 < 3차원으로 갈수록 정보의 양이 많아져 강건한 분석이 가능하기 때문이다.

(2) 용량 구간 위험도(회귀계수) 산출

```
.spl_bin <- dosresmeta(formula = logrr ~ rcs(dose, knots_bin), type = type,
id = id, se = se, cases = cases, n = n, data = data_bin)
.summary(spl_bin)
```

dosresmeta 함수를 사용한다. formula에 종속변수인 logrr을 넣고 '~' 다음에 독립변수를 넣어줄 때 restricted cubic spline(rcs) 함수에 용량과 앞서 분할해놓은 용량 3구간을 넣는다. 이후 type, id, se, cases, n을 넣고 이 변수들이 있는 데이터 data_bin을 표시한다. 본 모델은 spl_bin으로 설정된다.

summary 명령어를 통해서 살펴보면 다음과 같다.

```
call:  dosresmeta(formula = logrr ~ rcs(dose, knots_bin), id = id, type = type,
    cases = cases, n = n, data = data_bin, se = se)

Two-stage random-effects meta-analysis
Estimation method: REML
Covariance approximation: Greenland & Longnecker

Chi2 model: x2 = 13.4545 (df = 3), p-value = 0.0038

Fixed-effects coefficients
                                    Estimate  Std. Error        z  Pr(>|z|)  95%ci.lb  95%ci.ub
rcs(dose, knots_bin)dose.(Intercept)  -0.0276      0.0274  -1.0070    0.3139   -0.0814    0.0261
rcs(dose, knots_bin)dose'.(Intercept)  0.1430      0.5972   0.2394    0.8108   -1.0275    1.3134
rcs(dose, knots_bin)dose''.(Intercept) -0.1482      0.9428  -0.1572    0.8751   -1.9961    1.6996
---
Signif. codes:  0 '***' 0.001 '**' 0.01 '*' 0.05 '.' 0.1 ' ' 1

Between-study random-effects (co)variance components
                            Std. Dev                    Corr
rcs(dose, knots_bin)dose     0.0505  rcs(dose, knots_bin)dose  rcs(dose, knots_bin)dose'
rcs(dose, knots_bin)dose'    1.1451                    -1
rcs(dose, knots_bin)dose''   1.7931                     1                        -1

Univariate Cochran Q-test for residual heterogeneity:
Q = 35.3354 (df = 15), p-value = 0.0022
I-square statistic = 57.5%

6 studies, 18 values, 3 fixed and 6 random-effects parameters
 logLik     AIC      BIC
-6.2529  30.5057  36.8782
```

[그림 4-6] 삼차분석 모델 (이분형 예제자료)

전체 모형 적합도는 *p*-value가 0.0038로 유의한 모델이다[그림 4-6]. 추정된 용량 구간별 회귀계수를 확인할 수 있는데, 이는 선형성 검정을 위해서 임의대로 자료를 분할한 것으로 이 수치를 용량 구간별 위험도로 해석하는 것은 의미가 없다.

(3) 용량 구간 위험도(회귀계수)의 선형성 검정

비선형성을 가정한 분석에서 가장 중요한 부분은 용량 구간별 회귀직선의 기울기가 통계적으로 유의하게 서로 차이가 나는지를 검정하는 것이다. 만약 서로 유의한 차이를 보이지 않는다면 선형성이 있다고 판단할 수 있다.

비선형성을 가정한 분석에서 용량 구간 세 부분의 기울기가 차이가 나는지 검정해보자.

```
.waldtest(b = coef(spl_bin), Sigma = vcov(spl_bin), Terms = 2:3)
```

선형성을 검정하는 명령어는 waldtest이다. 세 용량 구간 중 첫 번째 구간은 전체 원자료 자체이니 제외하고, 두 번째와 세 번째의 구간의 joint 기울기를 검정한다. 귀무가설은 'H0: doses2 = doses3 = 0'이다. 따라서 p-value가 0.05보다 크면 귀무가설을 받아들여 'joint 기울기는 0으로 기울기가 없고, 두 용량 구간의 기울기는 차이가 없으니 선형성이다'라고 판단한다. 만약 p-value가 0.05보다 작으면 귀무가설을 기각하여 'joint 기울기는 0이 아니어서 기울기가 있고, 두 용량 구간의 기울기는 차이가 있으니 비선형성이다'라고 판단한다.

Wald test 결과 p-value는 0.018로서 본 모델은 비선형성이 있음을 알 수 있다.

TIP 선형성을 검정하는 일반적인 방법

선형성이란 두 변수에 선형적인(linearity) 관계가 있을 때를 말한다. 그렇다면 일반적인 분석에서 선형성은 어떻게 확인할 수 있을까? 선형성은 두 변수의 상관관계, 즉 산점도(scatter plot)를 그려보면 가장 쉽게 파악할 수 있다. 그러나 이 방법은 육안에만 의존하기에 불안하다.

다른 방법은 두 변수를 활용해서 회귀분석을 해보는 것이다. 회귀분석을 통하여 기울기(회귀계수)가 유의하다면($p < 0.05$) 일차적으로 선형성이 있다고 판단할 수 있다. 물론 표본수가 적어서 비모수적인 검정을 해야 한다면 비모수적인 선형성 검정을 실시하고 이들의 통계적 유의차에 따라서 선형성 여부를 판단해야 한다.

본 이분형 예제자료는 선형분석 모델의 회귀계수가 −0.0044이며 통계적으로 유의하지 않았기(p = 0.4585) 때문에 선형성에 대한 문제의식을 가지고 분석을 실시하여야 한다. 따라서 이차분석 모델과 삼차분석 모델에 대한 보다 강건한 분석이 필요하다.

■ 삼차분석 모델 그래프

```
.xref_bin <- 0
.with(predict(spl_bin, dosex_bin, xref_bin, exp = TRUE),{
 plot(get("rcs(dose, knots_bin)dose"), pred, type = "l", ylim = c(0.4, 10),
    ylab = "cardiovascular disease relative risk", xlab = "alcohol
consumption,
grams/day", log = "y", bty = "l", las = 1)
 matlines(get("rcs(dose, knots_bin)dose"), cbind(ci.ub, ci.lb), col = 1, lty =
"dashed")
})
.points(dosex_bin$dose, predict(lin_bin, dosex_bin, xref_bin, exp =
TRUE)$pred, type = "l", lty = 3, col = "blue")
```

그래프 명령어에 대한 설명은 선형분석 모델과 동일하다. xref_bin은 용량 참조변수를 특정 수치로 지정하는 것이다. 만들어지는 그래프의 모양에 따라서 참조변수의 수치를 적절히 변경하면 보다 식별력이 좋아질 것이다. 처음에는 0으로 설정해보고 그래프의 모양에 따라 조절하면 된다.

ylim=c(0.4, 10)은 Y축을 0.4에서 10 사이만 표시한다는 것이다. 마지막 줄의 points는 선형분석 모델도 같은 그림에 표시하기 위한 명령어다.

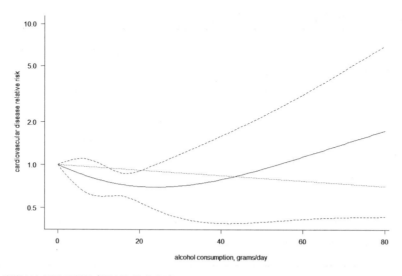

[그림 4-7] 삼차분석 모델 그래프 (이분형 예제자료)

[그림 4-7]에서 가운데 실선이 위험도이며 아래위 점선이 95% 신뢰구간이다. 아랫부분의 짧은 점선은 선형분석 모델의 위험도이다. 삼차분석 모델에서의 위험도는 선형분석 모델과 약간 다른 형태를 나타낸다. 용량의 증가에 따라 약 25까지는 유사하지만 이후에는 위험도가 증가하는 경향이 있으며 40을 기점으로는 상승폭이 증가하는 것을 볼 수 있다. 이를 통해 알코올 섭취가 고용량(30 이상)이면 심혈관질환의 위험도가 증가한다는 것을 알 수 있다.

■ 삼차분석 모델 그래프 조정

[그림 4-7]을 잘 살펴보면 용량이 약 17 정도에서 95% 신뢰구간의 폭이 좁아져 변곡점으로 인식된다는 것을 알 수 있다. 이를 수치로 확인해보자.

```
.pre_bin <- predict(spl_bin, dosex_bin, exp = TRUE)
.pre_bin$ci.ub - pre_bin$ci.lb
```

restricted cubic spline 모델의 예측값을 모두 구한 다음 신뢰구간의 폭을 계산해보면, 결과창 console에 용량 17번째의 값이 0.2679로 폭이 가장 좁은 것을 알 수 있다. 따라서 이를 변곡점으로 설정한 다음 그래프를 다시 그려보자.

```
.xref_bin <- 17
```

용량 참조변수를 17로 변경한 후 삼차분석 모델 그래프 작성 명령어를 동일하게 실행하면 [그림 4-8]을 만들 수 있다.

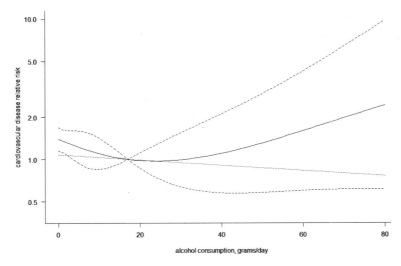

[그림 4-8] 삼차분석 모델 그래프 조정 (이분형 예제자료)

[그림 4-8]은 [그림 4-7]에 비해서 용량 17을 기점으로 좌우로 상승하는 J 모양을 나타낸다. 따라서 조금 더 직관적으로 해석할 수 있다.

2-2 연속형 예제자료(continuous data)

[표 4-2] 약물의 용량에 따른 조현병 정도 측정수치 (연속형 예제자료)[*]

author	id	dose	y	sd	n
Cutler 2006	1	0	5.30	18.31	85
Cutler 2006	1	2	8.23	18.32	92
Cutler 2006	1	5	10.60	18.31	89
Cutler 2006	1	10	11.30	18.32	94
McEvoy 2007	2	0	2.33	26.10	107
McEvoy 2007	2	10	15.04	27.60	103

* http://www.stats4life.se/data/aripanss

McEvoy 2007	2	15	11.73	26.20	103
McEvoy 2007	2	20	14.44	25.90	97
Kane 2002	3	0	2.90	24.28	102
Kane 2002	3	15	15.50	26.49	99
Kane 2002	3	30	11.40	22.90	100
Potkin 2003	4	0	5.00	21.14	103
Potkin 2003	4	20	14.50	20.16	98
Potkin 2003	4	30	13.90	20.88	96
Study 94202	5	0	1.40	25.73	57
Study 94202	5	2	11.00	25.00	51
Study 94202	5	10	11.50	25.20	51
Study 94202	5	30	15.80	28.51	54

id, 숫자로 연구를 구분해야 함.

1) 데이터 코딩 및 불러오기

용량–반응 메타분석을 위한 연속형 예제로서 약물의 용량에 따른 조현병(schizophrenia)
의 정도를 측정하는 PANSS(positive and negative syndrome scale) 수치를 R의 예제 데이
터에서 발췌하였다.

자료를 코딩할 때 주의할 점은 id는 숫자로 연구를 구분해야 한다는 것이다.

작업폴더에 넣어둔 예제파일을 아래의 명령어로 R 메모리에 불러온다. 이때 한 가지 주
의할 점은 R에서는 쉼표로 구분된 수치파일(csv)의 형태를 선호하니 파일을 미리 해당 포
맷으로 저장해서 지정된 작업폴더에 넣어두어야 한다는 것이다[표 4-2].

```
.data_con <- read.csv("drma_con.csv", header=TRUE)
```

read.csv는 csv 파일을 불러오는 함수로 파일명 "drma_con.csv"를 불러와서 파일의
첫 번째 변수명을 그대로 쓴다는 뜻이다(header=TRUE). 이렇게 로딩된 csv 파일은 R 메

모리에서는 data_con이라는 이름의 객체(object)로 저장된다. 이를 확인해보려면 View 함수에 지정한 데이터를 넣어준다.

```
.View(data_con)
```

2) 선형분석 모델

용량–반응 메타분석을 실행하기 위해 "dosresmeta" 패키지를 로딩시킨다.

```
.library(dosresmeta)
```

선형성을 가정한 분석에서는 용량변수를 하나의 묶음으로 처리하여 분석을 실시한다. 상세한 설명은 **2-1** 이분형 예제자료와 동일하니 참고하기 바란다.

```
.lin_con <- dosresmeta(formula = y ~ dose, id = id, sd = sd, n = n, covariance = "smd", data = data_con)
.summary(lin_con)dosresmeta
```

함수에 여러 인수(argument)를 넣어서 선형분석 모델 lin_con을 만든다. formula는 용량–반응 메타분석에서 일종의 회귀분석 같은 기능을 한다. 따라서 formula 다음에 종속변수인 y를 넣고 '~' 다음에 독립변수인 dose를 위치시킨다. 이후 id, sd, n은 각각 연구, 표준편차, 표본수를 나타낸다.

covariance에 "smd"를 넣으면 추후 계산을 표준화된 평균의 차이(standardized mean difference, smd)로 실시하고, "md"를 넣으면 단순 평균의 차이(absolute mean difference)로 실시한다.

summary 명령어를 통해서 살펴보면 다음과 같다.

```
Call:  dosresmeta(formula = y ~ dose, id = id, n = n, sd = sd, data = data_con,
       covariance = "smd")

Two-stage random-effects meta-analysis
Estimation method: REML
Covariance approximation: Standardized Mean Differences

Chi2 model: X2 = 34.8374 (df = 1), p-value = 0.0000

Fixed-effects coefficients
            Estimate  Std. Error       z  Pr(>|z|)  95%ci.lb  95%ci.ub
(Intercept)   0.0153      0.0026  5.9023    0.0000    0.0102    0.0204  ***
---
Signif. codes:  0 '***' 0.001 '**' 0.01 '*' 0.05 '.' 0.1 ' ' 1

Between-study random-effects (co)variance components
   Std. Dev
     0.0000

Univariate Cochran Q-test for residual heterogeneity:
Q = 2.8510 (df = 4), p-value = 0.5831
I-square statistic = 0.0%

5 studies, 5 values, 1 fixed and 1 random-effects parameters
  logLik      AIC       BIC
 14.1012  -24.2024  -25.4298
```

[그림 4-9] 선형분석 모델 (연속형 예제자료)

추정된 회귀계수는 0.0153으로 통계적으로 유의하다(p < 0.0001). 즉 약물의 용량이 1 증가하면 조현병 수치는 0.0153 증가하는 것으로 나타났다. 또한 이질성을 확인할 수 있는 Cochrane Q statistics의 p-value(0.5831)와 I^2 값(0%)을 통해 본 선형분석 모델은 이질성이 존재한다는 것을 확인할 수 없다[그림 4-9].

■ 선형분석 모델 그래프

```
.dosex_con <- data.frame(dose = seq(0, 30, 1))
.with(predict(lin_con, dosex_con, order = TRUE), {
plot(dose, pred, type = "l", col = "blue", ylim = c(0, .6),
ylab = "schizophrenia score", xlab = "medicine dose level, mg/day")
lines(dose, ci.lb, lty = 2)
lines(dose, ci.ub, lty = 2)
})
```

data.frame 함수를 사용하여 용량을 0에서 30까지 1단위로 만들어서 그래프의 X축인 dosex_con을 설정한다. 본 데이터는 앞으로 살펴볼 이차분석 모델(quadratic model)과 삼차분석 모델(cubic spline model)에서도 동일하게 X축으로 사용된다.

그래프를 그리는 명령어는 with 이하가 모두 한꺼번에 실행되어야 한다. with는 그래프를 작성할 때 참조할 데이터를 직접 지정하는 것이다. predict 함수에 선형분석모델(lin_con), 그래프의 X축(dosex_con)을 차례대로 넣어준다. 결국 with의 내용은 선형분석모델에 용량 0에서 30까지 1단위로 하나씩 넣어서 나오는 회귀모형의 예측값을 가지고 그래프를 그리겠다는 의미이다. 이어서 plot은 X축에 dose, Y축에 pred에 대응하는 실제 그래프를 그리는 것이다. ylim=c(0, .6)은 Y축을 0에서 0.6 사이만 표시한다는 것이다.

앞서 선형분석 모델의 회귀계수를 해석할 때와 동일하게 용량에 따라서 위험도가 증가하는 형태를 나타낸다. 가운데 실선이 조현병 측정 수치이며 아래위 점선이 95% 신뢰구간이다[그림 4-10].

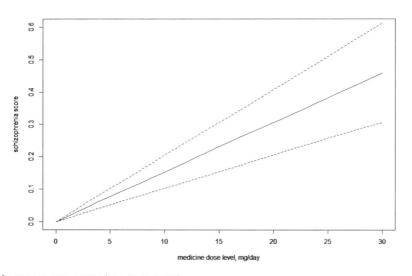

[그림 4-10] 선형분석 모델 그래프 (연속형 예제자료)

3) 이차분석 모델

완전한 선형성을 가정한 분석이 아닌 이차분석 모델을 만들어보자.

```
.quad_con <- dosresmeta(formula = y ~ dose + I(dose^2), id = id, sd = sd, n = n,
covariance = "smd", data = data_con)
.summary(quad_con)
```

228

dosresmeta 함수를 사용한다. formula에 종속변수인 y를 넣고 '~' 다음에 독립변수인 dose와 dose의 제곱을 위치시킨다. id, sd, n은 각각 연구, 표준편차, 표본수를 나타낸다. 본 모델은 quad_con으로 설정된다.

summary 명령어를 통해서 살펴보면 다음과 같다.

```
Call:  dosresmeta(formula = y ~ dose + I(dose^2), id = id, n = n, sd = sd,
    data = data_con, covariance = "smd")

Two-stage random-effects meta-analysis
Estimation method: REML
Covariance approximation: Standardized Mean Differences

Chi2 model: X2 = 49.6327 (df = 2), p-value = 0.0000

Fixed-effects coefficients
                      Estimate  Std. Error        z  Pr(>|z|)  95%ci.lb  95%ci.ub
dose.(Intercept)        0.0461      0.0084   5.4817    0.0000    0.0296    0.0625  ***
I(dose^2).(Intercept)  -0.0011      0.0003  -3.8465    0.0001   -0.0017   -0.0005  ***
---
Signif. codes:  0 '***' 0.001 '**' 0.01 '*' 0.05 '.' 0.1 ' ' 1

Between-study random-effects (co)variance components
            Std. Dev  Corr
dose          0.0001  dose
I(dose^2)     0.0000    -1

Univariate Cochran Q-test for residual heterogeneity:
Q = 2.4212 (df = 8), p-value = 0.9653
I-square statistic = 0.0%

5 studies, 10 values, 2 fixed and 3 random-effects parameters
  logLik      AIC       BIC
 36.5347  -63.0693  -62.6721
```

[그림 4-11] 이차분석 모델 (연속형 예제자료)

[그림 4-11]을 보면 전체 모형 적합도는 p-value가 0.0001 이하로 유의한 모델이라는 것을 알 수 있다. 추정된 dose의 회귀계수는 0.0461로 통계적으로 유의하다($p < 0.0001$). 즉 약물의 용량이 1 증가하면 조현병 수치는 0.0461 증가하는 것으로 나타났다. 또한 이질성을 확인할 수 있는 Cochrane Q statistics의 p-value(<0.0001)와 I^2 값(0%)을 통해 이질성이 존재한다는 것을 확인할 수 없다.

```
.with(predict(quad_con, dosex_con, order = TRUE), {
 plot(dose, pred, type = "l", ylim = c(0, .6),
  ylab = "schizophrenia score", xlab = "medicine dose level, mg/day")
 lines(dose, ci.lb, lty = 2)
 lines(dose, ci.ub, lty = 2)
})
.points(dosex_con$dose, predict(lin_con, dosex_con)$pred, type = "l", lty =
3, col = "blue")
```

그래프 명령어에 대한 설명은 선형분석 모델과 동일하다.

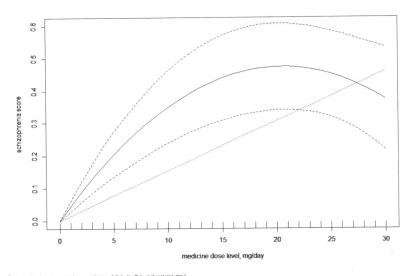

[그림 4-12] 이차분석 모델 그래프 (연속형 예제자료)

[그림 4-12]에서 가운데 실선이 위험수치이며 아래위 점선이 95% 신뢰구간이다. 아랫부분의 짧은 점선은 선형분석 모델의 위험수치이다. 이차분석 모델에서의 위험수치는 선형분석 모델과 약간 다른 형태를 나타낸다. 용량의 증가에 따라 약 20까지는 선형분석 모델과 유사하지만 이후에는 위험도가 감소하는 경향을 보이며, 20–25를 기점으로 급격히 감소하는 것을 볼 수 있다. 약물 용량 20–25를 기준으로 상승과 하강을 보이는 포물선 모형을 나타낸다.

4) 삼차분석 모델

비선형 모델 중에서 삼차분석 모델을 만들어보자. 회귀계수를 산출하는 방법은 앞의 선형분석 모델과 동일하지만 그에 앞서서 용량 구간을 세분화한다.

(1) 용량 구간 분할

용량의 구간을 세분화하여 구간별 용량–반응에 대한 위험수치를 보아야 한다.

```
.library("rms")
.knots_con <- quantile(data_con$dose, c(.05, .5, .95))
```

R에서는 "rms" 패키지를 통하여 restricted cubic spline(제한된 삼차 구간분할)이 가능하다. quantile 함수에 데이터를 지정한 다음 벡터 형태로 5%, 50%, 95% 구간을 분할한다. 용량 구간 분할 개수와 범위는 적절히 조절한다. 3개의 용량을 설정하면 용량 구간 knots_con은 전체 2개(knots–1개)가 생성된다.

(2) 용량 구간 위험도(회귀계수) 산출

```
.spl_con <- dosresmeta(formula = y ~ rcs(dose, knots_con), id = id, sd = sd, n =
n, covariance = "smd", data = data_con)
.summary(spl_con)
```

dosresmeta 함수를 사용한다. formula에 종속변수인 y를 넣고 '~' 다음에 독립변수를 넣어줄 때 restricted cubic spline(rcs) 함수에 용량과 앞서 분할해놓은 용량 2구간을 넣는다. 이후 id, sd, n을 넣고 이 변수들이 있는 데이터 data_con을 표시한다. 본 모델은 spl_con으로 설정된다.

summary 명령어를 통해서 살펴보면 다음과 같다.

```
call:  dosresmeta(formula = y ~ rcs(dose, knots_con), id = id, n = n,
    sd = sd, data = data_con, covariance = "smd")

Two-stage random-effects meta-analysis
Estimation method: REML
Covariance approximation: Standardized Mean Differences

chi2 model: X2 = 49.6897 (df = 2), p-value = 0.0000

Fixed-effects coefficients
                                    Estimate  Std. Error       z   Pr(>|z|)  95%ci.lb  95%ci.ub
rcs(dose, knots_con)dose.(Intercept)   0.0419      0.0074  5.6853    0.0000    0.0275    0.0564  ***
rcs(dose, knots_con)dose'.(Intercept) -0.0528      0.0137 -3.8539    0.0001   -0.0797   -0.0260  ***
---
Signif. codes:  0 '***' 0.001 '**' 0.01 '*' 0.05 '.' 0.1 ' ' 1

Between-study random-effects (co)variance components
                          Std. Dev                                  Corr
rcs(dose, knots_con)dose    0.0000   rcs(dose, knots_con)dose
rcs(dose, knots_con)dose'   0.0000                                0.6206

Univariate Cochran Q-test for residual heterogeneity:
Q = 2.2269 (df = 8), p-value = 0.9733
I-square statistic = 0.0%

5 studies, 10 values, 2 fixed and 3 random-effects parameters
  logLik       AIC       BIC
 21.0800  -32.1600  -31.7628
```

[그림 4-13] 삼차분석 모델 (연속형 예제자료)

전체 모형 적합도는 p-value가 0.0001 이하로 유의한 모델이라는 것을 알 수 있다[그림 4-13]. 추정된 용량 구간별 회귀계수를 확인할 수 있는데, 이는 선형성 검정을 위해서 임의대로 자료를 분할한 것으로 이 수치를 용량 구간별 위험도로 해석하는 것은 의미가 없다.

(3) 용량 구간 위험도(회귀계수)의 선형성 검정
비선형성을 가정한 분석에서 가장 중요한 부분은 용량 구간별 회귀직선의 기울기가 통계적으로 유의하게 서로 차이가 나는지를 검정하는 것이다. 만약 서로 유의한 차이를 보이지 않는다면 선형성이 있다고 판단할 수 있다.

비선형성을 가정한 분석에서 용량 구간 두 부분의 기울기가 차이가 나는지 검정해보자.

```
.waldtest(b = coef(spl_con), Sigma = vcov(spl_con), Terms = 1:2)
```

선형성을 검정하는 명령어는 waldtest이다. 용량 구간 첫 번째와 두 번째의 joint 기울기를 검정한다. 귀무가설은 'H0: doses1=doses2=0'이다. 따라서 p-value가 0.05보다 크면 귀무가설을 받아들여 'joint 기울기는 0으로 기울기가 없고, 두 용량 구간의 기울기는 차이가 없으니 선형성이다'라고 판단한다. 만약 p-value가 0.05보다 작으면 귀무가설을 기각하여 'joint 기울기는 0이 아니어서 기울기가 있고, 두 용량 구간의 기울기는 차이가 있으니 비선형성이다'라고 판단한다.

Wald test 결과 p-value가 0.0001 이하로 본 모델은 비선형성이 있음을 알 수 있다. 그러나 본 연속형 예제처럼 restricted cubic spline으로 용량 구간을 세 구간 이하로 분할한 경우 첫 번째 구간이 전체 원자료 자체이기 때문에 Wald test를 통한 선형성 해석에 주의를 기울여야 한다. 즉 Wald test를 통해서 두 구간의 선형성 검정 결과를 받아들일지, 아니면 첫 번째 구간(원자료 자체)의 회귀계수의 유의성으로 선형성을 판단할지 종합적인 검토가 필요하다.

■ 삼차분석 모델 그래프

```
.xref_con <- 0
.with(predict(spl_con, dosex_con, xref_con),{
 plot(get("rcs(dose, knots_con)dose"), pred, type = "l", ylim = c(0, .6),
  ylab = "schizophrenia score", xlab = "medicine dose level, mg/day", bty =
"l", las = 1)
 matlines(get("rcs(dose, knots_con)dose"), cbind(ci.ub, ci.lb), col = 1, lty =
"dashed")
})
.points(dosex_con$dose, predict(lin_con, dosex_con, xref_con)$pred, type
= "l", lty = 3, col = "blue")
```

그래프 명령어에 대한 설명은 선형분석 모델과 동일하다. xref_con은 용량 참조변수를 특정 수치로 지정하는 것이다. 처음에는 0으로 설정해보고 그래프의 모양에 따라 조절해 본다.

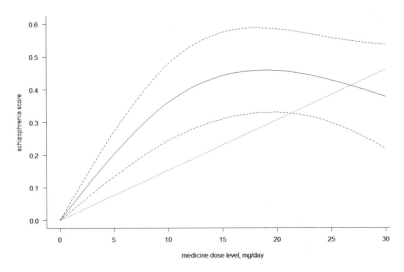

[그림 4-14] 삼차분석 모델 그래프 (연속형 예제자료)

　　[그림 4-14]에서 가운데 실선이 위험도이며, 아래위 점선이 95% 신뢰구간이다. 아랫부분의 짧은 점선은 선형분석 모델의 위험수치다. 삼차분석 모델에서의 위험도는 선형분석 모델과 약간 다른 형태를 나타내지만 이차분석 모델과는 매우 유사하다. 용량의 증가에 따라 약 20까지는 선형분석 모델과 유사하지만 이후에는 위험도가 감소하는 경향이 있으며, 20-25를 기점으로 급격히 감소하는 것을 볼 수 있다. 약물 용량 20-25를 기준으로 상승과 하강을 보이는 포물선 모형을 나타낸다.

3 | 결론

용량-반응 메타분석을 위한 R 패키지는 연구자들이 조금만 익숙해지면 유용하게 활용할 수 있는 매우 다양한 기능들이 있다. 아울러 Stata에서 이용할 수 있는 동일한 분석도구인 "drmeta"의 명령어 코드도 본서에서 상세히 다루지는 못했지만 부록에 첨부해놓았으니 필요에 따라 참조하기 바란다.

```
#예제자료는 drma_bin.csv, drma_con.csv 이다.
# 본인의 원하는 폴더를 만들어서 지정해준다.
setwd("C:/r_temp/DRMA")
#시간의존적, 용량의존적 모델에서는 선형모형(linear model), 이차분석모형(quadratic
model), 3차분석모형(restricted cbic spline)등 좀 더 적합한 모형을 찾아보자.
#"dosresmeta" 패키지 불러오기
library("dosresmeta")
```

R의 "doseresmeta" 패키지를 이용한 용량-반응 메타분석

▶ BINARY DATA

```
#데이터 코딩 및 불러오기
data_bin <- read.csv("drma_bin.csv", header=TRUE)

###Linear model###
lin_bin <- dosresmeta(formula = logrr ~ dose, id = id, type = type, se = se, cases
= cases, n = n, data = data_bin)
summary(lin_bin)
predict(lin_bin, delta = 1, exp = TRUE)

#Graphical results
dosex_bin <- data.frame(dose = seq(0, 80, 1)) #그래프 x축을 용량을 보고 설정해놓는다.
with(predict(lin_bin, dosex_bin, order = TRUE, exp = TRUE), {
 plot(dose, pred, type = "l", col = "blue", ylim = c(0, 2),
    ylab = "cardiovascular disease relative risk", xlab = "alcohol consumption,
grams/day")
```

```
 lines(dose, ci.lb, lty = 2)
 lines(dose, ci.ub, lty = 2)
})


###Quadratic model for Non-linear model ###
quad_bin <- dosresmeta(formula = logrr ~ dose + I(dose^2), id = id, type = type,
se = se, cases = cases, n = n, data = data_bin)
summary(quad_bin)
predict(quad_bin, exp = TRUE)


#Graphical results
with(predict(quad_bin, dosex_bin, exp = TRUE), {
 plot(dose, pred, type = "l", ylim = c(0, 15),
    ylab = "cardiovascular disease relative risk", xlab = "alcohol consumption,
grams/day")
 lines(dose, ci.lb, lty = 2)
 lines(dose, ci.ub, lty = 2)
})
points(dosex_bin$dose, predict(lin_bin, dosex_bin, exp = TRUE)$pred, type =
"l", lty = 3, col = "blue")


###Restricted cubic spline for Non-linear model###
library("rms") # restricted cubic spline을 사용할 수 있게 해준다.
knots_bin <- quantile(data_bin$dose, c(.05, .35, .65, .95))
# *****만약 안 돌아가면 vector 개수를(spline 개수를) 조절해볼 것*****.
spl_bin <- dosresmeta(formula = logrr ~ rcs(dose, knots_bin), type = type, id =
id, se = se, cases = cases, n = n, data = data_bin)
summary(spl_bin)


#선형성 검정
waldtest(b = coef(spl_bin), Sigma = vcov(spl_bin), Terms = 2:3)


#Graphical results
xref_bin <- 0 #곡선의 모양에 따라서 ref를 변경해줄 수 있다. 처음에는 0으로 해보고 그래프의
```

모양에 따라 ref를 바꾸어보자.

```
with(predict(spl_bin, dosex_bin, xref_bin, exp = TRUE),{
 plot(get("rcs(dose, knots_bin)dose"), pred, type = "l", ylim = c(0.4, 10),
    ylab = "cardiovascular disease relative risk", xlab = "alcohol consumption,
grams/day",
    log = "y", bty = "l", las = 1)
 matlines(get("rcs(dose, knots_bin)dose"), cbind(ci.ub, ci.lb), col = 1, lty =
"dashed")
})
points(dosex_bin$dose, predict(lin_bin, dosex_bin, xref_bin, exp =
TRUE)$pred, type = "l", lty = 3, col = "blue")

######모양을 예쁘게 하기 위한 첨가#######
pre_bin <- predict(spl_bin, dosex_bin, exp = TRUE)
pre_bin$ci.ub - pre_bin$ci.lb #17번째 값이 0.2679로 가장 폭이 좁다. 따라서 위의 그래프
에서 xref <-17로 설정해서 재실행한다.


#############################
##waldtest##
#H0 : doses2=doses3=o
#P>0.05, doses2와 doses3의 조인트기울기는 0으로 기울기가 없으며 두 용량 범주의 기울기는 차
이가 없다.
#따라서 선형성으로 판단한다.
#P<0.05, doses2와 doses3의 조인트기울기는 0이 아니어서 기울기가 있거나 또는 두 용량 범주의
기울기는 차이가 있다.
#따라서 비선형성으로 판단한다.
#############################
```

▶ CONTINUOUS DATA

```
#데이터 코딩 및 불러오기
data_con <- read.csv("drma_con.csv", header=TRUE)
```

```
###Linear model###
lin_con <- dosresmeta(formula = y ~ dose, id = id, sd = sd, n = n, covariance =
"smd", data = data_con)
summary(lin_con)

#Graphical results
dosex_con <- data.frame(dose = seq(0, 30, 1)) #그래프 x축을 용량을 보고 설정해놓는다.
with(predict(lin_con, dosex_con, order = TRUE), {
 plot(dose, pred, type = "l", col = "blue", ylim = c(0, .6),
    ylab = "schizophrenia score", xlab = "medicine dose level, mg/day")
 lines(dose, ci.lb, lty = 2)
 lines(dose, ci.ub, lty = 2)
})

###Quadratic model for Non-linear model ###
quad_con <- dosresmeta(formula = y ~ dose + I(dose^2), id = id, sd = sd, n = n,
covariance = "smd", data = data_con)
summary(quad_con)

#Graphical results
with(predict(quad_con, dosex_con, order = TRUE), {
 plot(dose, pred, type = "l", ylim = c(0, .6),
    ylab = "schizophrenia score", xlab = "medicine dose level, mg/day")
 lines(dose, ci.lb, lty = 2)
 lines(dose, ci.ub, lty = 2)
 rug(dose, quiet = TRUE)
})
points(dosex_con$dose, predict(lin_con, dosex_con)$pred, type = "l", lty = 3,
col = "blue")

###Restricted cubic spline model for Non-linear analysis###
library("rms") # restricted cubic spline을 사용할 수 있게 해준다.
knots_con <- quantile(data_con$dose, c(.05, .5, .95))
# *****만약 안 돌아가면 vector 개수를(spline 개수를) 조절해볼 것*****.
```

```
spl_con <- dosresmeta(formula = y ~ rcs(dose, knots_con), id = id, sd = sd, n = n,
covariance = "smd", data = data_con)
summary(spl_con)

#선형성 검정
waldtest(b = coef(spl_con), Sigma = vcov(spl_con), Terms = 1:2)

#Graphical results
xref_con <- 0 #곡선의 모양에 따라서 ref를 변경해줄 수 있다.
with(predict(spl_con, dosex_con, xref_con),{
 plot(get("rcs(dose, knots_con)dose"), pred, type = "l", ylim = c(0, .6),
   ylab = "schizophrenia score", xlab = "medicine dose level, mg/day", bty = "l",
las = 1)
 matlines(get("rcs(dose, knots_con)dose"), cbind(ci.ub, ci.lb), col = 1, lty =
"dashed")
})
points(dosex_con$dose, predict(lin_con, dosex_con, xref_con)$pred, type =
"l", lty = 3, col = "blue")
```

Stata의 "drmeta" 패키지를 이용한 용량-반응 메타분석

▶ BINARY DATA

```
use "drma_bin.dta" , clear
*또는 R의 'alcohol_cvd'를 Stata에 맞추어 변경할 것

*###Linear model###
drmeta logrr dose, data(n cases) id(id) type(type) se(se) reml
lincom dose*1, eform
*#Graphical results
drmeta_graph , dose(0(1)80) ref(0) equation(d) eform ytitle("cardiovascular
disease relative risk") xtitle("alcohol consumption, grams/day")
```

```
*###Quadratic model###
gen dosesq = dose^2
drmeta logrr dose dosesq, data(n cases) id(id) type(type) se(se) reml
lincom dose*1, eform
*#Graphical results
drmeta_graph , dose(0(1)80) ref(0) equation(d d^2) eform ytitle("cardiovascular
disease relative risk") xtitle("alcohol consumption, grams/day")


*###Restricted cubic spline model###
*#선형성을 가정한 분석에서는 linear analysis 모델과 동일하다.
drmeta logrr dose, data(n cases) id(id) type(type) se(se) reml


*###Restricted cubic spline for Non-linear model###
*그래프 그릴 때 mat knots가 필요하므로 자동으로 가자.
*### 자동으로 2줄*****
mkspline doses = dose, nk(4) cubic
mat knots = r(knots)
*******


drmeta logrr doses1 doses2 doses3, data(n cases) id(id) type(type) se(se) reml
****** 선형성 검정******
test doses2=doses3=0


*#Graphical results
drmeta_graph , dose(0(1)80) ref(0) matk(knots) eform ytitle("cardiovascular
disease relative risk") xtitle("alcohol consumption, grams/day")
```

▶ CONTINUOUS DATA

```
use "drma_con.dta" , clear
*또는 use http://www.stats4life.se/data/aripanss, clear
*또는 R의 'ari'를 Stata에 맞추어 변경할 것
```

```
*###Linear model###
drmeta smd dose, se(se_smd) data(n sd) id(id) type(type_smd)
*#Graphical results
drmeta_graph, d(0(1)30) ref(0) eq(d) ytitle("schizophrenia score, SMD")
xtitle("medicine dose level (mg/day)")


*###Quadratic model###
drmeta smd dose dosesq, se(se_smd) data(n sd) id(id) type(type_smd)
*#Graphical results
drmeta_graph, d(0(1)30) ref(0) eq(d d^2) ytitle("schizophrenia score, SMD")
xtitle("medicine dose level (mg/day)")


*###Restricted cubic spline model###
*#선형성을 가정한 분석에서는 linear analysis 모델과 동일하다.
drmeta smd dose, se(se_smd) data(n sd) id(id) type(type_smd)


*###Restricted cubic spline model for Non-linear analysis###
*그래프 그릴 때 mat knots가 필요하므로 자동으로 가자.
*### 자동으로 2줄*****
mkspline doses = dose, nk(3) cubic
mat knots = r(knots)
*******


drmeta smd doses1 doses2, data(n sd) id(id) type(type_smd) se(se_smd) reml
****** 선형성 검정******
test doses1=doses2=0


*#Graphical results
drmeta_graph , dose(0(1)30) ref(0) matk(knots) ytitle("schizophrenia score,
SMD") xtitle("medicine dose level (mg/day)")
```

김달호, 장은진, 황진섭 (2014).《R과 WinBUGS를 이용한 메타분석》. 자유아카데미.

장은진, 김달호, 안정훈, 장보형, 최성미 (2013).《베이지안 메타분석법》. 한국보건의료연구원.

황성동, 심성률 (2018).《메타분석 – forest plot에서 네트워크 메타분석까지》. 한나래출판사.

Arends, L. R., Hamza, T. H., van Houwelingen, J. C., Heijenbrok–Kal, M. H., Hunink, M. G. & Stijnen, T. (2008). Bivariate Random Effects Meta–analysis of ROC Curves. *Medical Decision Making,* 28(5), 621–638.

Baker, S. G. & Kramer, B. S. (2002). The Transitive Fallacy for Randomized Trials: If A bests B and B bests C in Separate Trials, is A better than C?. *BMC Med Res Methodol.,* 13(2), 13.

Borenstein, M., Hedges, L. V., Higgins, J. P. & Rothstein, H. R. (2009). *Introduction to Meta-Analysis(preface).* West Sussex, UK: John Wiley & Sons Ltd., 20–28.

Bucher, H. C., Guyatt, G. H., Griffith, L. E. & Walter, S. D. (1997). The Results of Direct and Indirect Treatment Comparisons in Meta–analysis of Randomized Controlled Trials. *J Clin Epidemiol.,* 50(6), 683–91

Greenland, S. & Longnecker, M. P. (1992). Methods for Trend Estimation from Summarized Dose–response Data, with Applications to Meta–analysis. *Am J Epidemiol,* 135(11), 1301–1309.

Greenland, S. (1995). Avoiding Power Loss Associated with Categorization and Ordinal Scores in Dose–response and Trend analysis. *Epidemiology,* 6(4), 450–454.

Harbord, R. M., Deeks, J. J., Egger, M., Whiting, P. & Sterne, J. A. (2007). A Unification of Models for Metaanalysis of Diagnostic Accuracy Studies. *Biostatistics,* 8(2), 239–251.

Higgins, J. & Green, S. (eds.) (2011). Cochrane Handbook for Systematic Reviews of Interventions, ver. 5.1.0:6.4.1. The Cochrane Collaboration. Available at www. cochrane–handbook.org.

Littenberg, B. & Moses, L. E. (1993). Estimating Diagnostic Accuracy from Multiple Conflicting Reports: A New Meta-analytic Method. *Medical Decision Making,* 13(4), 313–321.

Liu, Q., Cook, N. R. & Bergstrom, A. (2009). A Two-stage Hierarchical Regression Model for Meta-analysis of Epidemiologic Nonlinear Dose-response Data. *Comput Stat Data Anal.,* 53(12), 4157–4167.

Moses, L. E., Shapiro, D. & Littenberg, B. (1993). Combining independent studies of a diagnostic test into a summary ROC curve: data analytic approaches and some additional considerations. *Statistics in Medicine,* 12(14), 1293–1316.

Orsini, N. & Greenland, S. (2011). A Procedure to Tabulate and Plot Results after Flexible Modeling of A Quantitative Covariate. *Stata Journal,* 1–29.

Reitsma, J. B., Glas, A. S., Rutjes, A. W., Scholten, R. J., Bossuyt, P. M. & Zwinderman, A. H. (2005). Bivariate Analysis of Sensitivity and Specificity Produces Informative Summary Measures in Diagnostic Reviews. *Journal of Clinical Epidemiology,* 58(10), 982–990.

Reken, S., Sturtz, S., Kiefer, C., Böhler, Y. B. & Wieseler, B. (2016). Assumptions of Mixed Treatment Comparisons in Health Technology Assessments – Challenges and Possible Steps for Practical Application. *PLoS One,* 11(8), e0160712.

Rucker, G. & Schwarzer, G. (2014). Reduce Dimension or Reduce Weights? Comparing Two Approaches to Multi-arm Studies in Network Meta-analysis. *Statistics in Medicine,* 33, 4353–4369.

Rucker, G. (2012). Network Meta-analysis, Electrical Networks and Graph Theory. *Research Synthesis Methods,* 3(4), 312–324.

Rutter, C. M. & Gatsonis, C. A. (2001). A Hierarch Ical Regression Approach to Meta-analysis of Diagnostic Test Accuracy Evaluations. *Statistics Medicine,* 20(19), 2865–2884.

Shim, S. R., Shin, I. S. & Bae, J. M. (2015). Meta-analysis of Diagnostic Tests Accuracy using Stata Software. *Journal of Health Informatics and Statistics,* 40(3), 190–199.

Shim, S. R., Shin, I. S. & Bae, J. M. (2016). Intervention Meta-Analysis Using Stata Software. *Journal of Health Informatics and Statistics,* 41(1), 123–134.

Shim, S. R., Yoon, B. H., Shin, I. S. & Bae, J. M. (2016). Dose-response Meta-analysis Using Stata Software. *Journal of Health Informatics and Statistics,* 41(3), 351– 358.

Shim, S. R., Yoon, B. H., Shin. I. S., Bae, J. M. (2017). Network Meta-analysis: Application and Practice Using Stata. *Epidemiol Health*, 39, e2017047.

Shim, S. R., Kim, S. J., Lee, J. H., Rücker, Gerta. (2019). Network meta-analysis: application and practice using R software. *Epidemiol Health*, 41, e2019013.

Shim, S. R., Kim, S. J. (2019). Intervention meta-analysis: application and practice using R software. *Epidemiol Health*, 41, e2019008.

Shim, S. R., Kim, S. J., Lee, J. H. (2019). Diagnostic test accuracy: application and practice using R software. *Epidemiol Health*, 41, e2019007.

Shim, S. R., Lee, J. H. (2019). Dose-response meta-analysis: application and practice using the R software. *Epidemiol Health*, 41, e2019006.

White, I. R. (2015). Network Meta-analysis. *The Stata Journal,* 15(4), 951–985.

Wu, H. Y., Peng, Y. S., Chiang, C. K., Huang, J. W., Hung, K. Y., Wu, K. D., Tu, Y. K. & Chien, K. L. (2014). Diagnostic Performance of Random Urine Samples Using Albumin Concentration vs Ratio of Albumin to Creatinine for Microalbuminuria Screening in Patients with Diabetes Mellitus: A Systematic Review and Meta-analysis. *JAMA Internal Medicine,* 174(7), 1108–1115.

B

Begg's test 33

Bivariate 모형 172

burn-in 84, 103

C

Cochrane Q statistics 26

Cohen's d 19

D

design inconsistency 78

DIC(deviance information criterion) 86, 104

DOR(diagnostic odds ratio) 171

E

Egger's test 33

F

forest plot 171

funnel plot 32, 42, 52

H

Hedges' g 19

Higgins' I^2 26

HSROC(hierarchical SROC) 모형 172

L

loop inconsistency 78

M

MCMC error 86, 104

Meta-DiSc 192

meta-regression 30, 40, 50

Moses-Littenberg 모형 172

S

SROC(summary receiver operating characteristic) 곡선 171, 186, 188

ㄱ

간접비교 75
개별 치료별 접근 local approach 139, 147
겔만-루빈 Gelman-Rubin 88, 127
계층적 모형 73
공액사전분포 conjugate prior 71

ㄴ

네트워크 plot 83, 102, 123, 137, 145
네트워크 메타분석 69
네트워크 모델 84, 102, 123, 136, 144
네트워크 셋업 82, 101, 122

ㄷ

단변량 분석 176
단순 평균의 차이 mean difference, MD 19,
        115

ㄹ

로그변환 21

ㅁ

마르코프 연쇄 Markov chain 72
마르코프 연쇄 몬테카를로 Markov chain
        Monte carlo, MCMC 71
메타분석 meta-analysis 15
몬테카를로 Monte carlo 72
무정보적인 사전분포 71
민감도 sensitivity 171, 176

ㅂ

베이지안 방법 Bayesian 69-70
베이지안 통계학 70
빈도주의 방법 frequentist 69-70

ㅅ

사전분포 70
사전에 알려진 정보 prior probability 69
사후분포 70
사후확률 posterior probability 69
삼차분석 모델 restricted cubic spline model
        218, 231
선형분석 모델 linear model 212, 226
선형성 linear trend 210
선형성 검정 221

ㅇ

요약곡선 171

요약추정치 176

용량 구간 분할 218, 231

용량–반응 메타분석 dose–response meta–analysis 207, 210

용량–반응 메타분석 모형 208

우도 likelihood 71

위계적 모형 hierarchical model 172

유사성 similarity 77

이변량 분석 186

이질성 heterogeneity 29, 39, 50

이질성 검토 189

이차분석 모델 quadratic model 215, 228

이행성 transitivity 77

일관성 78

일관성 검정 inconsistency test 90, 108, 128, 139, 147

ㅈ

전체 모델별 접근 global approach 139, 147

조건부 확률 공식 71

진단검사 메타분석 diagnostic test accuracy 170

진단오즈비 182

ㅊ

출판편향 publication bias 32, 42, 52

치료 간 비교우위 선정 treatment ranking 93, 111, 131, 141, 150

ㅌ

특이도 specificity 171, 180

ㅍ

표준화된 평균의 차이 standardized mean difference, SMD 19, 115

ㅎ

혼합비교 76

효과크기 16

효과크기 포맷 117